弱くても最速で成長できる

ズボラPDCA

北原孝彦
Kitahara Takahiko

すばる舎

【はじめに】メンタルが弱くてもＰＤＣＡで成長できるコツ

「何か行動を起こさなきゃ、と思っているけど、面倒だ」
「どうせ続かないし」
「そもそも、何をやっていいかわからない」
「まあ、やりたいこともないしね」

いつも、そんなふうに思っている人は多いことでしょう。

ズボラだから、積極的に行動するようなポジティブな人間じゃない。
ビビリでガラスのメンタル。なるべく傷つきたくない、失敗したくない。

飽きっぽいから、何事も長続きしないし、いつも3日坊主。
すべてが面倒くさい……。

何を隠そう、かつての僕がそんな人間でした。
いや……〝かつて〟ではありませんね。
今の僕も実は、ズボラでガラスのメンタルのままです。

社会に出るまでの僕がどんなやつだったかというと……。

・学校の成績は最低クラスの落ちこぼれ
・自宅に引きこもって外に出ないゲーマー
・別にやりたいことや目標なんてない。予定がなければずっと寝ていたい

あなたのまわりにも、このような人がいるのではないでしょうか。

そんな僕が、今では、さまざまな事業を回しています。

正直言って、毎日が楽しくて仕方ない。仕事とプライベートの境目もなく、やっていることすべてが自分の成長につながっている……そう感じています。

美容師の世界に入り、数々の成功、挫折、回り道を経験し、競争が激しい美容室経営で、ゼロから4年で100店舗展開を実現させました。

この業界のマーケティングを教えるコンサルタントとして、多くのクライアントを指導する立場になりました。

また、セミナーや講演会にお呼びいただく機会も多く、日本全国を飛び回っています。

さらには、4000人近くのメンバーがいるコミュニティを主宰し、多くの仲間たちとワクワクする計画を企んでいます。

そして、尊敬できる何人ものすごい人、好きな人たちと多くの時間をともにし、日々エネルギーをいただいています。

どうして僕がそんなハッピーを享受することができたのか？

僕が才能にあふれた優れた人間だったから？

いろんな〝ラッキー〟な出来事に恵まれる幸運体質だったから？

そんなことはありません。

ズボラでガラスのメンタル、そして面倒くさがり。それが僕の本質ですから。

では、どうしてでしょう？

それは、**ズボラだからこそできる、ガラスのメンタルだからこそ考えつく、面倒くさがりでもできる、無理のない「目標達成」そして「結果を出す」スキルを設計したからです。**

僕のような弱い人間だからこそ立てられる繊細な「計画」、僕のような弱い人間でも負荷なく「行動」できるメソッド、無駄を排除し成長スピードを加速させる「検証」スキル、そして結果を高い確率で引き寄せる「改善」策の実施。

そして、これらをストレスなく回せる仕組み……。

それを設計していったわけです。

そう、**ズボラのための、ズボラだからこそうまくいく「ズボラＰＤＣＡ」**です。

この本であなたにも、そのスキルをご紹介します。

ズボラだから行動できない、ビビリだからポジティブになれない……それは間違いです。

世間でいわれている常識を、一度捨ててみましょう。

それは従来の……いわゆる「強者のＰＤＣＡ」、です。

がんばって世間の常識に合わせたって、勝てるわけではない。楽しい人生が待っているわけでもない。

無理して「強者のやり方」をマネしようとしても、長続きしないし、挫折します。

自分のダメさ加減にガッカリしたり、心が折れたりして、立ち直れなくなることもあるでしょう。

だから、**弱い人は弱い人なりのＰＤＣＡでやっていくことです。**

この本で紹介する僕流のＰＤＣＡ……「ズボラＰＤＣＡ」は、きっとあなたの仕事だけではなく、お金や人間関係、夢の実現や目標達成の参考にもなるはずです。

大げさにいえば、人生にもいい影響を及ぼすことがあるかもしれません。

10代、20代、30代、40代、50代、60代、70代、80代、90代……老若男女問わず、世のズボラな人たち、ガラスのメンタルな人たち、面倒くさがりな人たち、弱い人たちに向けて、少しでもお役に立てたらと思い、本書を書きました。

とはいえ、意思が強く、行動力・継続力がある人や、すでにPDCAを回せている人、自分の力だけでビジネスで結果を出したり、目標達成ができている人には物足りないかもしれません。

でも、**うまくPDCAを回せていなかったり、そもそも計画すら立てていない人、行動できない人、いつも3日坊主で継続できない人、なかなか結果が出せない人には、大いに役立つ**と思います。

PDCAサイクルが回り出したら、人生もうまく回り出します。

そして、PDCAサイクルを回すためには、意思の力ではなく、仕組みの力を利用することです。そのための方法、エッセンスを凝縮しました。

1人でも多くの人のお役に立てると嬉しいです。

第1章 弱くても、PDCAでうまくいく

第2章
慎重に計画を立てる

第3章

挫折しようがないくらい、小さく始める

第4章

誰でもできるように、検証して、言語化する

第5章

ラクできるように、改善する

第6章 PDCAで、仕事も人間関係も人生も変わる

カバーデザイン：小口翔平＋喜來詩織（tobufune）
本文デザイン：山之口正和（OKIKATA）
DTP：野中賢（システムタンク）
編集協力：中西[illegible]
企画協力：長倉顕太

第1章

弱くても、PDCAでうまくいく

01

なぜPDCAは回らないのか

PDCAが回らない本当の理由

仕事にも人生にも効果バツグン。だけど回せていない人が大半

「しっかりとした『計画』を立てて」

「ガンガン『実行（行動）』して」

「行動が正しいものか、ちゃんと『検証』して」

「より良い『改善』をする」


これが、「ＰＤＣＡ」＝ＰＬＡＮ（計画）／ＤＯ（実行）／ＣＨＥＣＫ（検証）／ＡＣＴＩＯＮ（改善）というものです。

「ビジネスがうまくいくカギはＰＤＣＡをしっかり回せるか、だ！」

「ＰＤＣＡを回すことは、ビジネスのみならず、プライベート、人生そのものも左右する」

……巷では、このＰＤＣＡというビジネスのフレームワークに対する評価がとても高いものですよね。

でも、PDCAをうまく回せている人って、そんなにいるのでしょうか？

多くの人が、PDCAという言葉を意識はするものの、毎日の仕事において活用していないように感じます。

たしかに、しっかりした「計画」を立てて、それに従った「行動」をして、しっかり「見直し（検証）」の作業も行ない、ダメな点を「改善」するようにできれば、ビジネス、さらには人生におけるさまざまな目標達成は、すべてうまくいくはずです。


ところが、多くの人は、そう簡単にはいきません。

いつの間にかPDCAのことは忘れて、今、目の前にある作業や突然訪れた問題の解決に追われてしまう……。

それが現実ではありませんか？

PDCAが回らない3つの理由

なぜPDCAを回すことができないのか？

僕が思う一番の原因は……。

「面倒だから」

　というものです。

「そんな身もフタもないことを！」と思われるかもしれませんが、そんな人が多く存在するのです。

しっかりした「計画」を立てるのは苦手。だって面倒だから。

ガンガン「行動」するのは、なんか疲れちゃう。やらなきゃならないことはいっぱいあるし。

「検証」？　忙しくってそんな時間はない。

「改善」よりも、違うことをやったほうがよくない？　だっていちいち改善するのって、〝面倒だから〟……。

　というわけです。

　また、いざＰＤＣＡを回そうと意気込み、取り組んでみたものの、途中で「飽きてしまう」というのも、PDCAが回らない理由かもしれません。

僕たち人間は、物事に飽きてしまうものです。これは人間である以上、仕方かないこと。誰のせいでもありません。「毎日PDCAを回す」なんていうルーティンワークに飽きてしまい、いつの間にか〝他のやり方〟を試し始めるなんていうこともあるでしょう。

誰でも回せる「仕組み」をつくる

そして、「なかなか行動できない」というのも、理由のひとつでしょう。

いくら理想的な計画を立てたとしても、実行（行動）そのものができないという人も多くいます。

「今は忙しいから、また今度やればいいか」

「なんか、失敗しそうで怖いからなぁ……」

そんな「ズボラ」で「臆病」な人っていますよね。

何を隠そう、この僕がそうです！

最速で成長できる
ＰＤＣＡのコツ
01

「３日坊主」「面倒くさがり」「ガラスのメンタル」。そんな人でも回せるＰＤＣＡを組み立てること

「面倒」「飽きる」「行動できない」……こうした人たちがＰＤＣＡを意識してビジネスをしていく、人生を送っていくには、それなりの「仕組み」が必要になってくるわけです。

02

ガラスのメンタルの僕でもできた

弱い人でも回せる、それがズボラPDCA

メンタルの強さに関係なく、誰でもマネできるスキル

「面倒だから」「飽きるから」「行動できないから」。

こうした「ＰＤＣＡを回せない」理由を理解できない人もいるでしょう。

毎日毎日ＰＤＣＡに従ってビジネスを進められるという人。どんな人かといえば、それは「精神力の強い人」です。

これまた〝身もフタもない〟話かもしれませんが、意思が強く、常に前向きで失敗も恐れない、何事もコツコツと根気強く続けることができるという人も、中にはいるでしょう。

しかし、僕を含めた多くのビジネスパーソンは、そんなに強くありません。

「もっと成長したい」という思いだとか「確固たる未来へのビジョン」などというものが、はじめから備わっている人なんて、そうはいないはずです。

日々巻き起こるさまざまな問題に、いつもビクビクしながら、なんとか自分を奮い立たせて業務をこなす、という感じではないでしょうか。

僕も20代の頃から、いつもビクビクしていました。

当時勤めていた会社の社長から「北原、ちょっと話があるから今日残っててくれない？」なんて言われると、もう大変です。

「えー……なんかやらかしたかなあ」「うわ、どうしよ、どうしよう」なんてことになって、もう、その日の仕事はうわの空でしたね。

今でこそ、そこまではありませんが、やっぱり「失敗を恐れない」なんて気持ちにはなりませんし、「他人にどう思われようと構わない」なんて絶対思えません。スタッフから連絡があっただけで「え、何事！？」と心配してしまうような人間には変わりないのです。

そんな〝ガラスのメンタル〟の僕でもできるのが、これから本書で紹介する、「ズボラＰＤＣＡ」なのです。

そもそも、精神力を鍛えるだとか、根気強い人間になるだとか、失敗を恐れない強い気持ちを持つだとか、ガンガン行動する積極的な人間になるだとか……。

自分の性格や志向を変えることなんて、簡単にできるわけがありません。それが本当にできれば、何も苦労はないわけですよね。

だから僕たちは、そんな弱い自分でもできるやり方で、ビジネスをしていかなければならないのです。

内面が変わり、成長し、もっと成長したいとさらに前進するようになるのは、あくまでも経験、成功の先の「結果」なのです。

弱さに左右されないくらい、「再現性」を高めなさい

じゃあ、僕らはどんなことをやればいいのか？

どんなスキルを身につければいいのか？

それは

「再現性のある」スキル

です。

再現性のあるスキルとは、簡単にいってしまえば「誰でもマネできる」というこ

最速で成長できる
PDCAのコツ
02

メンタルの強さや性格に関係なく、誰でも結果が出る「仕組み」をつくり込む

と。メンタルの強さだとか性格などに関係なく、弱くてもできる、そのとおりにやればちゃんと成功できるというスキルです。

「PDCAを回す」……たしかにそれをそのとおりにやればうまくいくでしょう。しかし、できていない人もたくさんいる。

その原因がたとえば「心の弱さ」だったとしたら、弱い人でもできることをやらなければなりません。

「本当に再現性のあるスキル」＝「弱い自分にだってできる、結果が出るスキル」を見つけることが、ビジネスを成功させるための第1歩でしょう。

03

PDCAは小さく回せ

メンタルが傷つかないように、失敗しない計画を立てる

トライ&エラーを小さく繰り返す

「何事も経験なのだから、当たって砕けろ」
「失敗したらそこから何かを学べばいい。だから失敗を恐れてはいけない」
……ビジネスの教訓として、いや、人生の教訓としてそのようなことを言う人もいます。

でも、ガラスのメンタルには、それは当てはまりません。

いらぬ苦労はしたくないし、傷つきたくもない。やはり失敗は怖いものですし、そもそも、しないに越したことはないと思ってしまうんですね。

そしてそれが「なかなか行動できない」ことにもつながってしまいます。また、ちょっと行動してみたけれど、失敗しそうだからすぐにやめてしまうということもあるでしょう。

だから僕たちは、「失敗しないようになる」ことを大きなテーマにしなければならないのです。

だって、失敗したら凹んで、もう行動しなくなりますからね。メンタルが傷つくことはカンベンしてほしいわけです。

「失敗しない計画」の立て方

では、どうすれば失敗しないか？

答えは単純。**「失敗しないような計画を立てる」**ということです。

この本でいうＰＤＣＡの「Ｐ」＝ＰＬＡＮ（計画）は、できる限り、隙《すき》や粗《あら》のないものをつくろう、というものです。

もう「石橋を叩きまくる」くらい、繊細に、失敗しない、傷つかなくて済むような計画ということです。

「その後のＤ・Ｃ・Ａの段階で挽回すればいいから、自分がやりたいと思った計画はぜひ実行すべきだ」

という意見もあるかもしれませんが、それでも失敗はしたくない。

だから、失敗のリスクがある計画は、その時点でＮＧです。

これは決して「ローリスク・ローリターンのビジネスしかやらない」という意味で

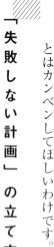

はありません。

そうではなくて、「ハイリスク・ハイリターン」のものでも、「ノーリスク・ハイリターン」になるように綿密に計画を立てる、ということです。

そうして立てた計画を行動に移す際も、最初の１歩は「傷つかないように」やる。つまり「ちょっとずつ」やるのです。

綿密に立てた計画でも、ちょっとやってみて（実行してみて）、これはうまくいかないかもとなったら、傷つく前にすぐに引きかえす……。

よく「勇気ある撤退」などという言葉がありますが、この場合は「勇気のいらない撤退」という感じでしょうか。

小さなトライなら小さなエラーで済む。そんな小さなトライ&エラーを繰り返すことで、より精巧な「失敗しないためのＰ」が出来上がるというイメージです。

これならば、誰にでもできる。ガラスのメンタルにもできるでしょう。

繰り返しになりますが、自分の性格や志向を変えるなんて、簡単なことではありません。

最速で成長できる
ＰＤＣＡのコツ
03

最初の１歩は傷つかないように慎重に行なう。
小さなトライの積み重ねが大きな結果を生む

ビビリがいきなり「大胆な勝負が必要」「ここは一か八かで攻めるべきだ」と思い立っても、それは自分らしいことではない。もし失敗したら「ああやっぱり。もうイヤだ〜」で終わりです。

「石橋を叩きまくる綿密な計画」
「傷つかないで済む、ちょっとずつの小さな行動」

これが誰にでもできる「ズボラＰＤＣＡ」のやり方です。

04

ズボラPDCAで、弱くても最速で成長できる

心が強くなくても、結果は出せる

結局、早く最短でゴールするのが一番

綿密な計画を立てて、小さな行動＝小さなトライ＆エラーを繰り返す……。

一見、とても時間のかかることだと思われるかもしれません。

しかし、このやり方こそが、僕が経営者として、そして現在さまざまな事業を展開するまでに成長できた「最速」のやり方だと思っています。

それは、このやり方が結局「無駄なことはやらない」というやり方であるからに他なりません。

失敗しない、傷つかないということは、つまり「ゴールに最短で到達する」ということです。ズボラな僕としては、余計なこと、面倒なことはなるべくしたくないし、言い方は悪いかもしれませんが、「さっさとゴールしたい」のです。

そして目標を達成したら、今度は次の計画に進み、そこでもまた最短でゴールしたいのです。

僕は美容師として10年間修行してきました。

毎晩毎晩、遅くまでカットの練習をし、仲間と切磋琢磨しながら技術を磨いていました。

でも、そのときの僕のゴールは、美容室を経営して成功することであり、そのためには今いる美容室にお客様をたくさん呼ぶことが重要だったわけです。

来る日も来る日もカットの練習に明け暮れ、でもそんなに数字が上がるわけでもなかった……。

そこで「これは回り道してるな」と気づきました。

もっと集客の方法を考える時間をつくったほうが、結果が出る、ということです。

もちろん美容師にとって技術の向上が「無駄なこと」であるわけはありません。

でも、ゴールを考えた場合には「もっとやるべきことがある」ということもあるでしょう。

ならばそちらをやらなければならない、というだけです。

「ＰＤＣＡを回せ」といっても、ここでそれを回しても意味がない、ということですね。

ズボラで弱いからこそ、最速で成長する

これって、さまざまな分野でも同じようなことがあるでしょう。

それはスポーツにおいて「試合に勝つ」ことを目的としているのに、いつまでも練習に時間を費やし、挙げ句の果てには試合に出ることすら拒否してしまう選手のようなものです。

成功させたい事業があるならば、「何事もまずは経験」などと言っているよりも、成功への最短距離を導き出すための計画を立てたほうがいい。

そしてさっさとその計画を実行したほうがいい。

これは当たり前のことでしょう。

面倒くさがり、ガラスのメンタルにとって、行動することはある種、つらい長距離走を始めるようなものです。

走り始めたら、息が上がってしまう。つらい、まだゴールじゃないのかよと、途中で絶対にイヤになる……。

最速で成長できる
PDCAのコツ
04

ズボラや面倒くさがりにとって、長距離走は苦痛。
短期間でゴールできるように綿密に組み立てよう

そんなことがわかっているから、なかなかスタートできないわけです。

でも、それが「そんな長距離を走らなくても、すぐにゴールできる方法がある」「最短コースがある」とわかったら？

もちろんその方法、その道を選ぶはずです。

ズボラだからこそ、弱いからこそ、最速での成長を望んでいいのです。

05

PDCAで、すべてが好転する

仕事、人間関係、SNS、目標達成、すべてPDCAで解決できる

PDCAは弱い人のための武器になる

ここでぶっちゃけた話をすると、実はこの本を書くまで、僕は、「PDCA」ということをあまり意識していませんでした。

「さあPだ。そしてD。おっとCも忘れず、よしAは……」

などと考えながら、仕事はしていなかったのです。

ただ、僕がやっている一連の仕事のやり方、成功の方程式を振り返って分析してみると、これがPDCAに当てはまっているのです。

ズボラで面倒くさがり、ガラスのメンタル。学生時代は勉強もできずに、落ちこぼれ。そしてニートでひきこもり……。そんな僕でもできた、弱い人なりのPDCA。それがこの本の「ズボラPDCA」というわけです。

前述のように、失敗したくない、傷つきたくない、そして回り道をしたくない僕は、P（計画）の部分にとても時間をかけます。誰からもクレームが起こらず、メンタルが傷つかないで済む、やけどをしない計画をつくり込みます。

ズボラな僕が自ら行動を起こすためには、それなりの「仕組み」が必要です。環境を整え、行動せざるを得なくなるように自分を仕向けるのです。

そして無駄な行動をしなくていいように、最短距離の検証をし、成功への最短距離を走るわけです。

仕事以外のことにも応用可能

この一連のＰＤＣＡは、ひとつの事業のみならず、あらゆるものに応用が可能です。

たとえば人間関係……。

その人となんのために付き合っていくかを考えて、それに見合った付き合いをする。もちろん傷つかないように、ちょっとずつ。

そして何か少しでもうまくいかないようであれば、新たな接し方を考える。

これはビジネスにおけるマネジメントでも、プライベートでも同様です。

また、ＳＮＳで情報発信したり、集客したり、フォロワー数を増やすことにも使えます。おかげさまで僕のＳＮＳも、オンラインサロンでは４０００人近くのメンバーが集まり、ツイッターでも、１万人以上のフォロワーさんにフォローいただいております。

以前はセミナーでの集客が当日行ったらゼロ、という悲惨なこともあったのですが、最近だと、100人以上、集まっていただくことも日常茶飯事になりました。これも、本書の「ズボラPDCA」のメソッドを使ったからに他なりません。

僕のPDCAは、ある意味「モノづくり」に似ているでしょう。

どうしたら失敗せずに、途中で挫折しないで、最短の時間でつくり上げることができるかを考えるわけです。

そして作品が出来上がったら、今度は次の作品をつくることにワクワクする……。

これが僕のPDCAであり、僕のビジネスライフとなっているのです。

最速で成長できる
PDCAのコツ
05

ズボラPDCAで、挫折せずに、最短距離でゴールすることができる

第2章

慎重に計画を立てる

06

ガラスのメンタルだから、死ぬほど慎重に計画を立てる

メンタルが弱く慎重だからこそ、成功確率が上がる

いきなり「ＤＯ」することはありえない

ＰＤＣＡのファーストステップはＰ＝ＰＬＡＮ（計画）です。

ビジネスでいえば、事業計画を考え、スケジュールを立てること。目標をしっかり定めることですね。

これがおろそかになってしまっては、その後のＤ（ＤＯ＝実行）やＣ（ＣＨＥＣＫ＝検証）、Ａ（ＡＣＴＩＯＮ＝改善）につながりません。

一方で、「大きな目標を立てて、あとは実行あるのみ！」という考えもあるでしょう。

「大事なのは、とにかく〝ＤＯ〟だ。計画の段階でウジウジ、チマチマしてるんじゃない」

「一刻も早く行動すること！　それが成功への近道だ」

そういう意見も世の中にはあります。

でも、そんな「思い切り」ができない人も大勢いるはずです。

「ガラスのメンタル」の持ち主である僕なんか、その代表です。

自分で言うのもなんですが、僕は本っ当にメンタルが弱い。

要するに〝ビビリ〟なんですね。

たとえば、社員から「今ちょっと電話していいですか?」なんてＬＩＮＥが来たりすると、もうパニックです。

「ウソ? 『会社辞めます』とか言うの?」

「何? お客様、怒らせちゃった?」

「なんかトンデモないミスした?」

などなど、最悪の状況を想像してしまうのです。

もうね、そのときやっていることなんて手につきません。早く連絡しなくちゃ、ってパニックになっちゃうんです。

で、いざ連絡してみたら「忘年会の会費、予定より1人1000円オーバーしちゃいそうなんですけど、いいですか?」なんてことだったりする。もうドキドキした!って感じです。「いくらになってもいいので、とにかくドキドキさせないでくださいね!」と返信しましたけどね。

これはもう、自分の性格というか、質（たち）の問題なので、どうしようもないことなんですよね。ガラスのメンタル……克服しようと思っても、無理です。

重箱の隅をつつくように、繊細に計画を立てる

失敗するのも怖い。

傷つくのも怖い。

お客様からのクレームもイヤ。

人が離れていくのもイヤ。

お金がなくなるのもイヤ。

そんなガラスのメンタルの僕が立てる「P」はどういうものか。

もうおわかりでしょう。

「石橋を叩いて、叩いて、叩きまくる」ような慎重な計画です。

「クレームが一切来ないようにするには、どうすればいいか？」

「スタッフから不満が出ないのはどのようなプランか？」

最速で成長できる
PDCAのコツ
06

ムリな計画は挫折のもと。自分の弱さを最大限考慮した計画を立てる

「売上を安定させるためには何が必要か?」

などなど、とにかく慎重に、重箱の隅をつつくように、隙《すき》のないように計画を立てます。

「行動あるのみ」「当たって砕けろ」「思いのままに」……そんなこと、怖くてできるわけがありません。できないことを無理してやってみても、うまくいくわけがありません。

「ズボラPDCA」の「P」は、とにかく慎重になること。

だって、後でドキドキしたくないですから……。

07

失敗が怖いから、「好きなこと」ではなく、「勝てること」で勝負する

やりたいことより、
まずは得意なことをやる

「やりたいこと」に振り回されない

計画する、つまり「これから自分が取り組んでいくことを決める」「どう取り組むかを決める」段階で、多くの人はこんな思いを抱くかもしれません。

「それって、本当に自分がやりたいことなのか？」

「自分が好きなことなのか？」

たしかに、自分がやりたいこと、大好きなこと〝だけ〟をやって生きていけたら、それはとても幸せなことですよね。

しかし、現実はどうでしょう？

そもそも「自分が本当に好きなことは何？」「自分が一生を費やしてやりたいことって何？」――簡単に答えが見つかるモノではありません。

かつての僕ならば、本当にやりたいこと、大好きなことは「1日中マリオカートをやっていること」でした。

でも、これで食べていけるとは思えませんよね。

そもそも、「やりたいこと」「大好きなこと」で、それがイコール仕事になって食べていけるなんてことは、極めて稀《まれ》なケースなはずです。

「大好きなことをして稼ぐのが理想」

もちろん、そうできればいいのですが、最初はなかなか難しいでしょう。

「大好きなことでなければ、仕事にしてはいけない」

「大好きなことをやっているからこそ、成功する」

そのような言葉に振り回される必要はありません。

結果が出ていないうちは、「やりたいこと」「大好きなこと」を起点にすることはおすすめできないのです。

まずは、「結果が出やすいこと」から取り組む

では、どんなことを仕事にすればいいのか？　仕事に対して、どんな計画を立てればいいのか？

そう、**「勝てること」**です。

まず、勝てることを考える。勝てることを仕事にする。勝てることの計画を立て

る。勝てることでお金を稼ぐ。〝大好きなこと〟は、勝ってからその後でゆっくりやればいい。

それが僕なりのＰ＝計画です。

言い方は悪いかもしれませんが、仕事をしてお金を稼ぐというのは、ある意味ゲームのようなもの。

ゲームを楽しむという感覚があれば、〝勝つこと〟に楽しみを見いだせます。

どうやったら勝てるか？　どうやったらもっとポイントを稼げるか？　次のステージに行くにはどうすれば近道か——。

勝つことにワクワクし、勝つことが達成感だとか自己効力感を生み、さらに次のステップにつながる。

そして、勝っているうちに、自分のやっていることが「世の中に必要なこと」「誰かに求められていること」に変わっていくのを実感できるでしょう。

どう実感できるかといえば、答えは単純。人から「お礼」を言われるようになるんですね。

たとえば僕の仕事である美容室経営の場合であれば、フランチャイズのオーナーさ

最速で成長できる
PDCAのコツ
07

「勝てること」に取り組み、小さくてもいいから、まずは結果を出すこと

んの奥様からお礼の手紙をいただいたり、スタッフのご両親から「いつもお世話になってます」なんて感謝されたり――。

もちろん、お客様からもたくさんの「ありがとう」の声をいただきます。

人間って単純なもので、そうやってお礼を言われたり、口コミが口コミを呼んで評判になったりして「誰かに必要とされている」ということがわかると、今度は自分の中に「使命感」が生まれます。

これが仕事の原動力になるんですね。

「やりたいこと」「大好きなこと」だけをやって、人から感謝され使命感を得るのは、けっこう大変なことでしょう。

だから、まずは「勝てること」を考える。そこがスタートになります。

08

「勝てること」を見つけるとっておきの方法

コレが見つかれば、どんな環境でも結果が出る

勝てること＝「人の困りごとを解決できるスキル」

「好きなことではなく、勝てることで勝負する」

でも、自分に「勝てること」なんてあるんだろうか？

そう思う人もいるでしょう。

自分が本当にやりたいこと、本当に好きなことをビジネスにしようとして、それを一生懸命探している。でも見つからない。

あるいはやりたいこと、好きなことで起業したけれど、全然うまくいかない。

そんな人もいると思います。

でも、繰り返しになりますが、勝負するのは「勝てること」で、です。

自分が置かれた環境、たとえば今いる業界、企業内などにおいても、やりたいことや好きなことを探すのではなく、「勝てること」を探してそれに邁進する、というのが、僕なりの計画です。

そこで冒頭のセリフに戻ります。

「でも、自分に『勝てること』なんてあるんだろうか？」
自分は別に人に勝てることなんてない。ただの平凡な、いやそれ以下の人間だから
……なんて思うでしょうか。
いや、実際に僕も自分でそう思いますけどね。
でも、僕のいう「勝てること」とは、得意なこと、人よりも優れている能力、と
いったものではありません。

「（人が）困っていることを自分が解決してあげられる」

それが、「勝てること」です。

「好きなこと」より、カンタンで確実

では、「勝てること」は、具体的にどのように見つければいいのでしょうか？

「勝てること」とは、「求められていること」。

「求められていること」とは、「人が困っていること」です。

これなら見つけるのは簡単です。

まず、あなたがちょっとでもいいから「できたこと」や、小さくてもいいので「成

果が出たこと」を、社内や社外の人に向けてレポートにまとめたり、口頭で話したり……。あなたの実績を、人に役に立つ形で、話すようにするのです。

ツイッターやFacebook、ブログ、noteなどのSNSで発信してもいいでしょう。

たとえば、あなたがメルカリで自宅にある不要品を売って、1万円の収入を得たとします。1万円を得るまでに、どんなことをやったのか、収入を得るまでのプロセスをひとつずつ、こまめに発信していくのです。

どうやってメルカリを始めたのか、写真を撮るときにどういう工夫をしたのか、紹介文を書くときにどんなキーワードを入れたのか、お客さんとやりとりするときにメッセージはどう書いたのか……それらを丁寧に伝えていきます。

その過程で、これからメルカリで収入を得たいと思っている初心者の人たちがあなたの発信を見るようになり、少しずつファンやフォロワーが増えていきます。

そして、「直接教えてほしい」「どこかでお話を開けるセミナーなどはありませんか」など、あなたのサービスを求めている人が増えていきます。

そうやって、「あなたのサービスを求めているお客さんが事前にいる状態」＝「オーディエンスファースト」の状態をつくります。

事前に「求められている」状態をつくることが、僕のいう、「勝てること」で勝負する、ということです。

「オーディエンスファースト」については後ほど詳しくお伝えしますが、この状態になってはじめて商品やサービスをつくります。「求められている」ので、売れることはわかっています。あとは「値決め」だけ気をつければ、確実に結果は出ます。

これが、ズボラでガラスのメンタルである、僕流のビジネスの根幹なのです。

最速で成長できる
PDCAのコツ
08

「勝てること」で素早く結果を出す。

そうすることで、まずは自信と信頼を手に入れる

09

なんとなくでやらない。必ず「言語化」する

「言語化」することで、実現する可能性が高くなる

「なんとなく」では、実現することは難しい

「勝てること」を見いだすことができて、具体的な計画に落とし込んでいく際に最も必要なことは何か？

僕の場合、それは「言語化」でした。

言語化する……つまり、計画を〝はっきりと具体的な言葉〟で表していくことです。「会社を辞めて起業する」だとか「年収1000万円を目指す」などという抽象的な計画はNGです。

もともと僕は引きこもりのゲーマー。正直言って、何をするのも面倒くさいと思うタイプの人間でした。

だから、ちょっとやそっとのことじゃ動かない。言い方を換えれば「熱い思い」だとか「なんとなく、そうしたいから」といった計画では、実行に至ることはない、つながらないわけです。

そこで僕に必要だったのが、**「言語化」**です。

「言語化」は、「ズボラＰＤＣＡ」の重要なキーワードですので、詳しくは第４章でお話しさせていただきますが、ここでは「具体性のある計画」と考えてください。

簡単な例でいえば、「旅行に行こうかな」という、〝なんとなく〟の思い……。これはズボラな人には、計画にはならないんです。なぜなら、それくらいでは動きたくないから。

思いを明確にするため、さらに具体性を持たせる。

「いつからいつまで？」「どこに行く？」「誰と？」「どんな宿に泊まる？」「何を食べようか？」「チケットはいつ、どうやって取ろうか？」――こうしてはっきりと言葉にすることで、単なる「思い」「願望」は、「予定」「計画」に変わります。

「言語化」すると、行動したくてウズウズする

「言語化」のコツは、なんといっても「人に話すこと」です（これも第４章で詳しくお話しします）。

相手を目の前にして話をすることで、どんどん具体的な言葉が出てきます。

具体的な言葉を出し、相手に伝えなければ、相手に「伝わらない」からです。

人に、自分がやろうとしていること＝「計画」を、具体的な言葉を使って伝えていると、どんなことが起こるか？

前項でもお話ししたように、計画とは「勝てること（求められていること）」。その勝てることを人に話していると、どんなことが起こるか？

ワクワクしてくるんです。

ワクワクしてきて、やりたくてしょうがない、早く実行に移したくてしょうがない、いや、早く始めなきゃダメじゃん！　っていう状態になるわけです。

僕が美容室を展開する際もそうでした。

「自分の美容室を全国展開させようと思う！」

これだけの言葉でいくら熱く語っても、それは単に願望、夢でしかありません。これだと、なかなか実行に結びつく計画にはなりません。

そうではなく、**「どうやって」「いつから」「いつまでに」という計画を、具体的な言葉で言語化して、人に話す。**

そうやって人に話しているうちに、完全にスイッチが入り、「早くやりたい！」「早くやろう！」と思えてきて、実際に動き始めるんです。

ズボラで面倒くさがりな人にとって強力なスキル

ズボラ、面倒くさがり屋、消極的……そういったネガティブな性格の人は、無理矢理がんばろうとしても難しいでしょう。性格も変えようとしても変わるものじゃない。そんなに簡単なものじゃないでしょう。

だから、行動を「後押し」するものが必要です。

僕の場合、それは「具体的に『言語化』して語ってみる」ということだったわけです。

具体的な言葉で「言語化」する。
それが最速で結果を出す秘訣

10

美徳より、論理を大事にする

練習量より、技術より
大事なことは、コレ

古い常識に振り回されない

「ズボラＰＤＣＡ」の「Ｐ」において、とても重要なことがあります。

それは「論理的なルール」をつくるということです。

世の中には「○○たるもの、こうしなければならない」という〝美徳〟のようなものが多く存在しますよね。

たとえば、「プロたるもの、職人たるもの、毎日技術を磨き続けなければならない」とか、「社会人たるもの、仕事においては自分のイヤなことでも率先してやらなければならない」とか、「人のためになることは、ある程度自分を犠牲にしなければならない」とか……。

もちろん、そういった数々の「○○しなければならない」には、正しいものもあるでしょう。

しかし、これまでに先人たちが言ってきたこと、常識とされてきたこと、美徳として尊重されてきたことが、どれも自分に当てはまるわけではありません。

古い慣習、踏襲されてきたことが、自分の計画にとって不要だということだってあるでしょう。

たとえば僕の経験からいえば、それは美容師の練習時間、練習量です。

僕の10年間の美容師時代は、それこそ来る日も来る日も練習の日々でした。だから、「練習に10年間かけていた」ともいえます。これは当時の僕のボスをはじめとした先輩美容師の皆さんがやってきたことであり、僕も当たり前のようにそれを踏襲していたものです。

たしかにプレイヤー、技術職としての美容師にとって、練習は不可欠です。なんといっても技術で勝負しているわけですから。

でも、そもそも技術の練習に10年も費やすということが正しいのかといえば、それは一概にはいえません。

この「一概にはいえない」ことを、「常識だから」「それが美徳だから」といって計画に組み込んでしまうのは、とても危険なことです。

たとえば「美容室の売上アップ」を計画した場合、ちょっと論理的に考えてみれば、売上アップのためにやらなければならないことは、「懸命にカットの練習をすること」ではないはずです。

極端にいってしまえば、お店のホームページに掲載された料金を差し替える、つまり単価を上げてしまえばいいはずです。だから、料金について考えることのほうが大事なのです。

「的外れなこと」に時間とエネルギーを費やさない

美容師の〝古い慣習〟や〝常識〟でいえば、練習に時間をかけることは、美徳とされてきたわけです。トップがスタッフを評価する際も、「よくトレーニングをしていること」「練習量の多さ」ということが軸にされてきました。

単純にいってしまえば「練習をすればするほど、えらいやつ」ということですね。

練習をして、技術を上げて、うまい美容師になる……。悪いことではありません。でも、それだけで美容室の経営がうまくいくかといえば、それはまた別の話だということです。

美容師としての成功が「コンテストで優勝するなどのうまい美容師になること」だったら、それでもいいかもしれません。

しかし、美容師として生き残っていく、美容室の経営で一生暮らしていくということであれば、やるべきことはそこではないでしょう。

お客様が来ない美容室がやるべきことは、論理的に考えれば、技術の向上よりもまずはマーケティングであり、集客です。そもそも「私は毎日毎日、10年間練習しています」という事実は、お客様にとってはどうでもいいことですからね。


的外れなことに時間と労力を費やす……。

ズボラにとって、こんな面倒なことはありません。

そうならないためには、物事を論理的に考えて、本当にやらなければならないことをやる。美徳や古い常識は、とりあえず忘れていいのです。

最速で成長できる
PDCAのコツ
10

ムダな時間と労力を使わないように、何が大切かを考えよう

11

最初の「設計」を時間をかけてつくり込む

石橋を叩いて壊すくらい慎重に慎重に

「見切り発車」「行き当たりばったり」「アドリブ」全部NG

僕が極めて〝ビビリ〟であることは、これまで何度もお話ししてきましたね。ビビリであるがゆえに、失敗が怖いがゆえに、僕はPDCAのP（計画）には、思い切り時間をかけます。

「失敗を恐れるな！」

「まずは、とにかく行動だ！」

そう言う先輩方もいらっしゃるでしょう。

でも、やはり失敗は怖いもの。失敗しないに越したことはない。

それに、行動して失敗したら、もうそれがトラウマになっちゃって動けなくなるかもしれない……。

冗談ではなく、そんな人だっているはずです。

せっかくのアイデアが「見切り発車」で行動してしまったがゆえに失敗し、結局実現に至らなかったなんて、もったいないことです。

そこで、**徹底的に「設計」をします。**

完璧と思われる設計図をつくり、それに従って行動する。行き当たりばったりのビジネス、その場その場でのアドリブのビジネスなんて、ビビリがやることではありませんから。

勝てる「設計図」の３つのポイント

設計図に必要なのは、「ビジネスモデル設計」「情報設計」、そして「行動設計」の3要素です。

「ビジネスモデル設計」とは、サービス内容、利益（価格）、働き方のこと。

「サービス内容」は、前項の「勝てること」について、自分が顧客に対して、どんな困りごとをどうやって解決してあげられるか、それができるのか、について考えます。「利益」は文字どおり「どうやって儲けを出すか？」について。価格や原価率の設定です。「働き方」は、これも文字どおり。スタッフの就業時間は？　休日は？　それを考えることで、完全予約制にするのか、飛び込みも受け入れるのか、などを考えることになります。

次の設計は**「情報設計」**。自分のビジネスをどんな形で露出していくのかということです。わかりやすくいえば、広告・宣伝、PRの方法を考えるということですね。広告費はかけるべきなのか？　今はSNSが有効だから、それらをどう扱っていくか？　Ｆａｃｅｂｏｏｋでは何を言う？　ツイッターでは？　ＬＩＮＥでは？　という感じです。

ここでは詳しく触れませんが、SNSと一言でいっても、それぞれに長所・短所があります。Ｆａｃｅｂｏｏｋは今では若年層はあまりやっていないし、ツイッターは文字数の制限がある。ＬＩＮＥ（ＬＩＮＥ＠）は毎度の通知がウザく感じられるかもしれないし……などなど。

そうしたことを考えに考え抜く。あーでもない、こーでもないと考えるわけです。

そして**「行動設計」**。

ビジネスモデルの実践、情報の発信に際して、日々、どんなことをやっていかなければならないかを考えます。

ビジネスモデルの実践であれば、毎日どのようなスケジュールで仕事をしていくか？　ですし、情報設計であれば、SNS発信の頻度など。

最速で成長できる
PDCAのコツ
11

最初の計画は丁寧に考える。
それが最小の労力で大きな成果を出す秘訣

これはもちろん僕がやっているすべての事業に関して当てはまることです。セミナーの開催、コミュニティの運営など、どんな内容のものを……（詳しく考える！）、どんな情報発信の手段で……（詳しく考える！）、日々どんな行動をして……（詳しく考える！！！）、実現させるか。

僕の場合は、これらをうんうんうなりながら頭の中で考えます。先ほど「設計図」という言い方をしましたが、別に詳細を書面にして資料として残しておくようなことはしません。

それがズボラ流。

でも、これがとても楽しい作業でもあるのです。

紙に書かないと考えられない、という方は紙に書いて考えてもいいでしょう。

12

ビビりだから、「お客さんが集まる」とわかってから始める

失敗しない状態にしてからスタートする

「必ず勝てる」状況をつくる

「これ（サービス・商品）って、世間に受け入れられるんだろうか？」

「これを欲しがる人って、いるんだろうか？」

「本当にこれで大丈夫なの？」

……ビビリは、計画の段階でそんな思いをするものです。

では、どうすればいいか？

どんな準備をすればいいか？

一番いいのは**「先にお客様をつくっておくこと」**でしょう。

必ず勝てる、必ず受け入れられるためには、「必ず商品・サービスを必要としてくれる人々」を最初につくっておけばいいわけです。

やりたいこと、好きなことを「さあ、これってどうでしょう！？」と世の中に問うてみる……。

それで、もし反応がなかったら？

……ビビリには到底できない計画です。

だから、提供する商品・サービスを欲している人も準備する。必ず買ってくれる人々を集めておく。

これが先にもお話しした、「オーディエンスファースト」という考え方です。

お客様がいらっしゃるところに、必要とされるものを投げるという状態をつくっちゃっていることですね。

これは「顧客ファースト」のように、「何よりもお客様が一番。お客様を大事にしよう」といったものとは違います。ファースト、つまり「一番先にお客様を確保しておく」というものです。

「必ず勝てる状況」にする簡単な方法

では、どうやってお客様を確保するのか?

これはもう、「球を投げてみて、受け取ってくれた人たちとつながる」ということに尽きるでしょう。

同じ悩み＝同じニーズを持っている人々を集めて、囲い込むのです。

たとえば僕の場合では、まず球を投げてみて「美容室経営で悩んでいる人」を集めておいて、その層に向けて解決策となる商品・サービス（この場合ですと、セミナーや教材ですね）を提供するわけです。

「球を投げる」とは、「情報を発信する」ということです。

メールマガジンを発行してもいいし、既存のリストに情報を投げかけてみてもいい。専用のＦａｃｅｂｏｏｋやブログを用意してもいいでしょう。

とにかく、「僕はこんなことをしています」「私はこんな悩みを解消する手段を持っています」と、情報という球を投げ続けるのがポイントです。商品・サービスの組み立てはその後でいい。まずは必要としてくれる人に反応してもらうことです。

僕は毎月「今月は〇〇件の美容室を出店しました」といった情報をブログに書き続けています。するとどうなるか？

「北原さんは毎月美容室を出している」

「美容室のビジネスといえば北原さん」

「北原さんに相談してみよう」

ということになり、美容室ビジネスに関する悩みを持った人が反応してくれる。僕のもとにリストとして集まるわけです。

あとは、その人々に対し商品・サービスを投げかければいい。

これが「オーディエンスファースト」です。


自分の強み、弱みをSWOT分析などで見つけ出し、勝てる領域を探し出す――マーケティングの世界ではそのような手順もありますが、もっと手っ取り早いのは「球を投げてみて、反応を見てみること」。

反応がなければ、やらない。

反応があれば、しめたもの。じゃあやろう！

これが〝ビビリ流の準備〟です。

最速で成長できるPDCAのコツ
12
「絶対に結果が出る！」という状態にしてから本格的に始めるのが、成功のポイント

13

「やる気」が続かないから、長期計画は立てない

水モノである「やる気」を頼りにしない

10年後まで、今のモチベーションを保つことは不可能

美容室経営、セミナー事業、コミュニティ運営……今僕はいくつものビジネスを展開しています。そして、どのビジネスに関しても、計画を立てる際に共通していることがあります。

それは「長期計画は立てない」ということ。

どうしてかといえば、「飽きるから」です。

ビジネスを展開する際のリソース（資源）には、3つのものがあります。「お金」「時間」「情熱」です。

はっきり言って、この3つがなければビジネスは成り立ちません。ちゃんと「お金」が稼げて、そこにかける「時間」もあって、それをやる「情熱」だってある、というのが理想でしょう。

でも、現実には、それらのリソースのうち、ビジネスによって増えるのは「お金」だけ。あとの2つは減る一方です。

忙しくなって「時間」がどんどんなくなってしまうというのは、想像しやすいで

しょう。だからそのために、効率化、時短というものを一生懸命工夫するわけですね。問題は「情熱」が減っていくことです。こればかりは、スキルでなんとかなるものではありません。

たとえば僕だって、スタイリストになったばかりの頃は、ヘアカットにすごい情熱を持っていました。お客様の髪をカットすること、それによってお客様が変わることが楽しくて楽しくて、「これを一生続けたい！」なんて思ったものです。

ところが、それもやがて飽きてしまうのです。

ヘアカットがうまくなり、ある程度慣れていくと、それとともに〝楽しさの度合い〟みたいなものが、どんどん薄れていくのです。

もちろん、何かができるようになり、さらに技術を追求していこうとする人もいるでしょう。

しかし、僕はそうじゃなかった。そして僕のような人は大勢いるはずです。

新しいことを始めて、何かができるようになっていく、そんなワクワクやドキドキは、やがてはなくなるものです。

ワクワク、ドキドキがなければ、少なくとも僕の場合はモチベーションを保てない。モチベーションを保てないものに対して5年計画、10年計画、20年計画といった長期スパンの計画を立てるのは、あまり得策ではないでしょう。

精神力に頼らず、仕組みで解決する

ただし、やっているうちに「使命感」が生まれるビジネスもあります。「お客様をずっとハッピーにしなければ」「コミュニティを守っていかなければ」などという思いも、当然出てくるわけです。

もう情熱は持てないけど、使命感はある、そんなビジネスについては、「自動化」や「人に任せる」ことを考えるべきでしょう。

そして自分自身は、新しい、情熱を持てることにスイッチするわけです。

無責任のように思われるかもしれませんが、人が物事に飽きてしまうというのは、本当に仕方がないことだと思うのです。

これを精神力でなんとかしようとか、スキルでなんとかしようというのは、至難の業といえます。少なくとも、ズボラには無理でしょう。

5年後、10年後、20年後を想像して、綿密な計画を立てる。

最速で成長できる
PDCAのコツ
13

人の「情熱」は長続きしないもの。期限を決めて、一気にやりきること

一見しっかりしていて素晴らしいことのように思われますが、実際にはちょっと怖いことでもあります。

たとえば10年後、今この時点で立てた計画は通用するのか？　広告宣伝に使おうとしているメディアはまだ残っているのだろうか？　まわりにいる人々はまだ残っているのだろうか？

ビジネスの環境は大きく変化している可能性が大きいわけです（10年前のビジネス環境を考えてみれば、たしかに大きく変わりましたからね）。

そして何よりも考えなければならないこと。

それが「情熱は残っているのだろうか？」ということです。

そのため、情熱が尽きる前に、一気にやりきることが必要なのです。

14

「飽きっぽい」から、練習に10年もかけない

「飽きる人」ほど結果がすぐに出る

「情熱」には、賞味期限がある

前項でお伝えしたように、残念ながら人は物事に「飽きる」もの。「情熱」には賞味期限があるわけです。

この事実は、絶対に自覚しておいたほうがいいでしょう。

たとえば若い人たちが何か目標を見つけて、それに邁進する。

でも途中で「やりたくない」とか「なかなかうまくいかない」となると、「やっぱり自分はダメな人間なんだ」「これは本当に自分のやりたいことじゃないんだ」などと落ち込んでしまう……。

でも、それは自分を責めるようなことではありません。「情熱はなくなるもの」。当たり前の現象なんです。それを無理して「もっと続けよう」とするから、不幸が始まるわけです。

そして、あることに情熱をなくした際に、次の「情熱を持てるもの」を見つけるのも、なかなか難しいものです。とくに「ガラスのメンタル」の人は、「もう失敗したくない！」と思って、何をするにも消極的になってしまうでしょう。

「情熱」が尽きる前に、結果を出す

じゃあ、どうしたらいいか?

情熱がなくなる前に、結果を出せばいいのです。

情熱を持てる仕事をして、結果が出る。

たとえば大きな利益を生み出すことができたり、お客様からの感謝をもらえたりということになれば、後は情熱をなくしたとしても、生活の手段として、あるいは使命感としてその仕事を続けることができるでしょう。

あるいは、結果が出ることが当たり前になってくると、そこから派生する「次のワクワク、ドキドキ」、新しい情熱を持てるものを考える余裕も出てきます。そうして次のビジョンが見えてきて、さらなるステップに進めるわけです。もちろん情熱というリソースを携えて。

とはいえ、その新しいことにも、やがて情熱がなくなるということも忘れてはなりません。

僕のこれまでの仕事を振り返ってみると、情熱をなくすとき、情熱の賞味期限が切れるタイミングには、共通の思いがあります。

それは「（今やっていることが）割に合わないな……」という思い。

この思いが出たときは、情熱がなくなるときです。

最初はワクワク、ドキドキだけで続けられていたこともというのもあります。たとえば僕の場合だと、スタイリストとしての仕事ですね。実は僕の美容師としての初任給は、８万円……。生活はかなり苦しかったですね。それでも、ワクワク、ドキドキしているから、情熱があったから、続けられた。

「美容師ってなかなか難しいな。でも難しいからこそ楽しいよな」と正直に思えましたし、苦労しているのがかっこいいとも思っていました。「給料は安い。もう２週間も休みがない」という自分の姿が誇らしかったりしたものです。

しかし、それが当たり前になってくると、やはり「あれ？」と思い始めるものです。「もっと何かが欲しい」……要するに、やっていることが報われたい。〝見返り〟が欲しくなるのです。

これが情熱がなくなるタイミングです。

とくに僕のような飽きっぽい人間には、そのタイミングはすぐに訪れてしまいます。

だから、早い段階で報われること、つまり「結果を出す」ことが必要なのです。

「10年間は練習」「10年かけて成功する」というやり方は、ズボラに合ったものではありません。

計画の段階で「早く結果が出る」ことを想定するべきなのです。

最速で成長できる
PDCAのコツ
14

小さくてもいいから、早く結果を出すこと。
それがやる気を絶やさない秘訣

第3章

挫折しようがないくらい、小さく始める

15

「意思」も「やる気」もアテにしない

面倒くさがりの人でも自然と動けちゃう秘策

ズボラでビビリな性格でも、コレで動きたくなる

ＰＬＡＮ（計画）を立てたら、次はＰＬＡＮ（計画）に沿って物事を実行する、ＰＤＣＡのＤ（ＤＯ＝実行）の段階です。

この段階は計画さえ綿密に立てていれば、すぐに実践できるものだと思われるかもしれませんが、そうもいかないものです。

なんといっても、僕は「ズボラ」、面倒くさがりなのですから。

ズボラでビビリ……。計画を立てたところで、実際には「動かない」ということにだってなりかねません。

まずここでお伝えしておきたいことは、**「自分の意思や気合い、やる気といったものに頼ってはいけない」**ということです。

「確固たる意思がある。絶対にやってやろうと思っている」

そう考えていても、現実は違うものです。

前章で「情熱には賞味期限がある」というお話をしたように、目に見えない自分の「気持ち」の面は、不確かなモノです。

「勉強しなきゃいけないのに、ゲームをしてしまう」「仕事をしなきゃいけないのに、どうしてもやる気が出ないから」……。

「動く（行動する）べきだとわかっていても、動けない」ということは、理屈では割り切れないわけです。

だから、ズボラはズボラなりに、自分を動かす仕組みをつくらなければなりません。

この章では、そんな仕組みのあれこれをお話ししていきたいと思います。

P（PLAN＝計画）に徹底的にこだわるというのも、その仕組みづくりの一手段です。

やりたくない理由……クレームが来るからだとか、行動するには時間がかかる、ハードルが高いだとか、結果が出るまでに何年もかかるとか、そういったものを排除するわけです。

とはいえ、行動する、しないをすべてPの段階が左右している、ともいえません。

「まず1歩を踏み出す」ことを試みなければ、ずっとPの段階で踏みとどまっているだけです。

意思にもやる気にも頼らず、行動できる方法

意思に頼らず、やる気にも期待せずに行動を起こすにはどうすればいいか？

僕のやり方は、**「小さく始める」**というものです。

ズボラにもできることを、できる範囲でやる。

自分に負担をかけないように、小分けにしてやる。

ガラスのメンタルでも傷つかないように、細心の注意を払って、やる。決して冒険しない。

そんな感じでいいのです。

そして結果が出れば、あとはその結果が「見返り」となって自分の行動にはずみをつけてくれるはずです。

たとえばイベントを主催し、人を集める際……。

いきなり1万人に声をかけるようなことはしなくていい。身近な、コミュニティ内

の本当に親しい人たちに声をかけて、小さなイベントを開催してみる。その評判が良ければ、人が集まるという手応えを感じたならば、徐々に大きなイベントを企画していけばいいのです。

一発目で失敗したらどうなるか？

そう、ガラスのメンタルな人は二度とイベントなんてしなくなるでしょう。

僕たちは意思が弱い！

やる気なんてアテにならない！

でも、行動しなければ始まらない！

だったら、少しずつ行動しよう！

……というわけです。

最速で成長できる
PDCAのコツ
15

ムリに自分を動かそうとせず、「仕組み」をつくったり、「小さく動く」ようにする

16

環境の力を最大限に利用する

行動力に火をつける強烈な方法

行動するには、やっぱりコレが最強

「自分を追い込む」……。

なんだかイヤな響きですよね。

とくにズボラな人にとっては、できれば避けて通りたいもの。

でもこれは、精神論の話ではありません（意思ややる気はアテにならない、というお話をしたばかりですよね）。

これもまた自らの「行動」を促すための、ひとつの手段なのです。要するに「自分を追い込む」とは、「やらざるを得ない環境を設定する」ということです。

たとえばこの本。もし出版社さんから、「出版はいつでもいいですよ」「気が向いたら」なんてことを言われていたとしたら、僕はきっと何も動き出さないでしょう。「2020年の3月には出したいです」という話があるから、初めて企画に本腰を入れて動き出したわけです。

これはつまり**「締め切りを設定する」**という環境づくり。「期待されてるから、やらなきゃいろんな人に迷惑かかるから、やるしかないでしょ」という状況を準備するということです。

身近な例でいえば、「タイムカード」もひとつの環境です。

以前僕が勤めていた美容室では、タイムカードを出勤前に押さなければ、店長にこっぴどく怒られたものです。そんな環境があるから、行動＝遅れずに出勤することができていたわけですね。

「何を当たり前のことを……」と思われるかもしれませんが、これが環境づくりであり、環境の力を利用して行動するということです。

「自分を追い込む」という言葉だとちょっと大げさかもしれませんが、こう考えると、とても身近で簡単なことに思えませんか？

やりたいこと、やるべきことは思いついたらすぐにスケジュールに組み込んでしまう。日時を設定してしまう。これだけでも、じゅうぶん行動のための環境づくりになります。

他力を使って、動かざるを得ない状況をつくる

行動できない人には、２つのパターンがあります。

まず1つめは、「行動する必要がない」というパターン。

たとえばじゅうぶん食べていけるだけの稼ぎがあるし、気持ち的にも満たされている。だったらなんでわざわざ新たな行動を起こさなきゃならないの？　今のままで、動かなくていいでしょ、っていうパターンです。

こういった人は、別に何かに困っているわけでもなく、何かを求めているわけでもないので、そのままでもいいでしょう。

しかし一方で、「〝行動したい〟けどできない人」というパターンもあります。もっと上を目指したい、もっと稼ぎたい、もっと自分を世間にアピールしたい……でもできない、という人です。

そんな人こそが、自分を追い込む「環境」をつくっていない、あるいはつくり方を知らないという人です。

僕はこの2つのパターンの人たちから相談を受けたとき、行動する必要のない人に対しては、「そのままでいいんじゃないですか？」と言っちゃいます。

「何か行動していないと、やりたいことをやっていないと、かっこ悪い気がするんですけど」……そんな相談を受けることもありますが、「いや、満たされているんなら、

最速で成長できる
PDCAのコツ
16

行動力は環境が９割。
自分が動きたくなる環境をつくる

別にいいでしょ？」という感じです。

一方、何かを求めていて行動しなければならないという人に対しては、まさに「自分を追い込む環境をつくってしまう」ことをアドバイスしています。

たとえば人を集めたイベントを企画する。自分が集客に動き出さなければどうしようもない、当日は自身が参加しなければイベントが成り立たない……そんな状況をつくってしまうのです。

「どんな行動をすればいいのかわからない」という人には、「とにかく今自分がやっていることをＳＮＳで発信しまくってみればいい」とアドバイスします。それに食いついてくれる人がいれば、次の展開＝自分がとるべき行動がおのずと見えてくるはずです。

17

「やる気が出ない」そんな人ほど、チャンスがやってくる

行動力のスイッチが覚醒するたった1つの方法

「ネガティブな感情」が、あなたにチャンスをくれる

「予定がなければ、ずっと寝てるか、ゲームをしてる」

……それがかつての僕でした。

人間の資質とか性格はそんなに簡単に変わるものではないはずですから、今でも僕にはそのような素地（？）があるのでしょう。でも今の僕は、そのようなことはありません。

とにかく行動している。動き回っている。

これは、あるときから、僕に〝スイッチ〟が入ったからでしょう。

それは20代の頃でした。

何もやる気が出ない。何かすることに自信がない。僕はそんなやつだったわけです。

でも、ある日、自分の中で〝スイッチ〟が入りました。

きっかけは中村文昭《ふみあき》さんという事業家の講演の動画を見たことです。

著書も多く出している中村さんのメッセージはとても深いものなのですが、ごくご

く簡単に言ってしまえば「自分はバカだけど、バカでも成功できるんだ！」というもの（あくまでも僕の解釈です）。

このメッセージに僕はやられました。中村さんの著書を読みあさりました。

「こんな自分でも、何かを成し遂げることができる」……そう思えたことで、完全にスイッチが入ったのです。

そして、スイッチオンの状態は途切れることがなく、今現在に至る……というわけです。

スイッチが入るとどうなるか？

そう、行動するんですね。

小学校、中学校、高校……僕は親や教師からずっと「もっと勉強しろ」「怠けるんじゃない」と言われ続けてきました。でも、学校の勉強なんて大嫌いでしたから、「金を積まれてもやるもんか」と思っていました。

ところが今はどうか？

セミナー、書籍、教材、教室、あるいは人を頼って……自分でお金を払って、懸命に勉強する毎日です。

これって、スイッチが入っているからなんです。

自分に不満がある人ほど、強くなる

じゃあ、僕が漫然とスイッチが入ったか？　たまたま中村さんの存在に出会えたから運良くスイッチが入ったかというと、そんなことはないでしょう。

中村さんの存在と出会った頃の僕は、やっぱり「何かを求めていた」んです。

「このままの自分じゃイヤだ」

「なんとかしたいけど、何をどうすればいいかわからない」

そんな〝負の感情〟にあふれているときには、やはり何かを求め、アンテナが敏感になっているものなのでしょう。

だから「スイッチを入れてくれる存在」を見つけられるのです。

「今のままでいい」

「行動する必要はない」

そう感じているのなら、スイッチの入るきっかけは訪れない、ということです。

最速で成長できる
PDCAのコツ
17

不満や悩みがあるネガティブな人ほど、爆発的な行動力を発揮することができる

もしあなたが「このままじゃイヤだ」「何かに困っている」というのなら、それは行動が始まる兆しであり、スイッチが入る時期なのだと思っていいでしょう。

そして実際に行動して、何かを達成したら、小さなことでも何かで成功したら、スイッチオンの状態はずっと続いていくはずです。

少し精神論的な話になってしまいましたが、これは僕の経験からも自信を持っていえることです。

今の自分に不満がある、何かに困っている……そんな状況を〝チャンス〟と捉えてみてください。

18

キャパが小さいから、やることを極限まで減らす

1日24時間の限られた時間に、タスクを詰め込みすぎない

ムダなタスクや習慣は、捨てて捨てて捨てまくる

「行動する」「実行する」……。

とはいっても、その〝時間〟がなければどうしようもありませんよね。

時間は平等です。人に与えられた時間は、1日に24時間。

そんな中で、自分がやるべきことをやるためには、〝やる必要がないこと〟を徹底して捨てていかなければなりません。

いわゆる「効率化」「時短」というやつです。

やることをいっぱい抱えてしまうのは大変なこと。キャパが小さい僕たちは、なんでもかんでもこなせるわけではないのです。

僕の効率化対策は、極めてシンプルです。

ざっくりと、前述のように「必要のないことはやらない、捨てていいものは捨てる」。これだけです。

言い換えれば、「あきらめられることは、あきらめる」ということ。

自分がやるべきことをやる時間を確保するために、何をあきらめられるか？　健康

に動ける範囲で何を捨てられるか？

僕がまず最初に捨てたのは、「テレビを観る時間」でした。

テレビを観るのって、別に確固たる目的があってやっているわけではないんですね。なんとなくだったり、いつもそうだからという習慣だったり。

だから、まずそれを捨ててみることにしました。その結果、別に生活にはなんの影響もありませんでした。

また、なんとなくだったり、いつもの習慣だったりというものでいえば、僕にとっては「ゲーム」の時間です。僕は相当なゲーマーだったので、ゲームをする時間が本当に長かった。ゲームって、ハマってしまうと計画的に「○時間やる」とかっていうことができなくなるんです。だからこの習慣を思い切って捨てました。

今、自分が習慣的に行なっていることを一度見直してみると、ムダな時間、やらなくてもいいことが多く見つかるはずです。

あなたの時間を劇的に増やす「禁断の方法」

そしてこれはあまりおすすめするつもりはないのですが、僕の場合、「睡眠時間」

も削りました。

とはいえ、これは意図的にというよりも、仕事に没頭するあまり……という結果です。身体に無理をさせている、という感覚ではないのですが、たとえば「1日8時間は必ず睡眠時間をとる」というような常識を捨てた、ということでしょう。

テレビを観る時間、ゲームをする時間、寝ている時間……ズボラな人にとっては、けっこう大きな時間ですよね。こうした、1日のうちに占める大きな無駄時間をざっくりと捨ててしまうのが、ズボラ流の時短でしょう。

細かいスケジュール管理をしてコツコツ時間を生み出すよりは、よほど簡単に大きな時間を確保することができます。

また、捨てるべきものといえば、「自分でやっていること」という観点でも考えるべきでしょう。

つまり、**「他に任せられることは、任せる」**ということです。

たとえば家事。食器洗いに時間がかかって他のことができないのであれば、食洗機を導入してもいい。

最速で成長できる
PDCAのコツ
18

細かく管理するより、ザックリ捨てることで、ストレスなく、時間を増やすことができる

たとえば仕事。情報発信のために自分で文章を書くのに時間がかかるのなら、文章が得意な人に任せればいい。

自分が苦手で時間がかかること……そこはお金を使って解決してしまえばいい。

決して「ラクをしよう」とか「サボれる」ということではなく、やらなければならないことをやるために投資するわけです。お金をかけた分、やるべきことには集中する、という意識も生まれることでしょう。

キャパが小さい、いろんなことはできない……。

だったら「やらない」という選択をするべきです。

19

テンパらないように、たっぷりと時間を確保する

「お金」「時間」「情熱」を尽きさせないシンプルな習慣

潤沢なリソースが、行動力の源泉になる

「お金」「時間」「情熱」……この3つが、僕たちが何かを達成するため、ビジネスで成功するために必要な〝リソース〟（資源）です。

これは、前章でもお話ししましたね。

これらのリソースを、常に「確保」しておかなければ、行動することはできません。だって、お金がなければできないこともある。時間がなければできないこともある。そして、情熱がなければ動けないということもある。

これは誰にもいえることでしょう。

「お金」というリソースを確保するには、とにかくビジネスで「結果」を出すことです。

「確保」というと、なんだか資産防衛的、投資や融資といった響きですが、これは素直に「もっと稼ぐにはどうすればいいか？」を考えることが最優先だと思います。

つまり、第2章でお話しした「勝てること」をやっているか？　ということです。

自分が今やっているビジネスは、「やりたいこと」「好きなこと」ではなく、「勝てること」なのかというのを、常に見直さなければならないでしょう。

「時間」の確保は、前項でお話ししたとおり。やらなくていいことは徹底してやらずに、時間を生み出すということです。

この「時間の確保」というのは、DO（実行）の段階において一番大事なものだと、僕は思っています。

〝行動しない〟ことの理由として多くの人が挙げること……それは「だって、時間がないから」というものです。

「時間さえあれば、なんでもできる。今は忙しくて時間がないからできない」

そんな言い訳は、世の中にあふれています。

でも、時間がないならば、時間をつくればいい。

そのつくり方は、前述のとおり。「やらなくていいことをやらない」だけです。

これは決して難しいことではないでしょう。

やる気が自然と湧き上がってくるカンタンな方法

むしろ難しいのは、「情熱」というリソースの確保です。これは理屈じゃなくて、人間の性《さが》。仕方がないことですよね。

繰り返しになりますが、人は物事に〝飽きる〟もの。これは理屈じゃなくて、人間

抱いていた情熱もやがて醒《さ》めてしまう。そして新たな情熱が生まれるのは、それをやりきった後＝〝結果が出た〟後です。

だから、ひとつの物事は「やりきって、結果を出す」ことが大事。

じゃあ、どうすれば物事をやりきることができるのか？

意思の力も弱い、根性もない……そんなズボラ流のやり方は、**「ゴールを決めてやりきること」**です（このことは後でも詳しくお話しします）。

たとえば、僕の場合でいえば、「ＹｏｕＴｕｂｅでの配信をする」というＤＯがあるとすれば、その本数と期限を設定してしまいます。

つまり、目標を設定するということです。これ、本当に大切なことです。

たとえば「週に20本の動画を配信する」という目標を定めたら、「じゃあ１日にどれだけの本数を撮ればいいのか？」が導き出されますよね。これが行動目標＝アクションプランとなるわけです。

あとは、それをやりきるだけ。

「やりきれた」ことによって達成感、自己効力感が生まれ、そこに成果（YouTubeの場合であれば視聴回数や登録数）があれば、情熱は再燃します。情熱というリソースが確保されるわけです。

こうした目標を〝やりきる〟ためには、どうしたらいいか？

そう、TODOとして毎日のスケジュールに組み込んでしまえばいいわけです。

言い方は悪いかもしれませんが、「スケジュールにないことは、やらない」のが、僕たちズボラです。

だって僕なんか、予定がなければずっと寝ているような人間だったのですから。

「お金」「時間」「やる気」が不足すると動けない。常に充電して、余裕をもった行動をしよう

20

1回ではできないから、1000回を基準値にする

一発で仕留めようとする「カンペキ主義」は卒業！

何かを始めるときは「勢い」を利用する

ズボラな人間がバリバリ行動をするには、それなりの環境を用意して、自分で自分を後押ししなければなりません。

だって、そうしなければ絶対に動かないわけですからね。

いくら「行動こそが大事」とわかっていても、それだけでは動かない。前述のように、意思だとかやる気には期待できないということです。

そうした環境づくりとして、やらなくていいことを捨て、時間を確保した……。

じゃあ、いざ何かを始めるというときに必要なのが、〝勢い〟です。そして、**勢いをつけるために必要なのが、「数」です。**

どういうことか？

行動自体は簡単なことをちょっとずつでもいいけれど、それを大量にやる、という目標を設定するわけです。

「ブログを書いて情報発信しよう」と考える人は多いと思います。ただし、これなんかも、最初から質のいい、たくさんの評価をいただくような記事を書くのは難しいことでしょう。

そこで、とにかく数をこなす。質は考えずに、黙々とブログの本数をこなしていくのです。

僕の場合、ブログを始めるにあたって掲げた目標は、年間で１０００本でした。数をこなさなければならない……ということで「１００本は書くぞ！」と意気込む人もこれまた多いはずですが、そこを僕は１０００本目標でいきます。

もちろん、質だけを考えていたら、年間１０００本なんて達成できませんから、最初はただひたすら書いてアップする、という感じです。

それだけの量の記事があるわけですから、やはりアクセスが集まらない記事、アクセスがめちゃくちゃ集まる記事というものが出てきます。

だから、質を考えるのはそれがわかってからでいい。アクセスが集まる記事の傾向を見て、読者がどんなワードに反応しているのかを分析して、同様の傾向の記事を書けばいいのです。

この検証のために必要なのが、1000本分の記事、ということです。

まずは小さな行動を100回やってから、検証する

要するに僕の場合、「数打てば当たる」式の行動なんですね。狙いを定めて、より効果的なものを……といくら考えたとしても、当たるとは限りません。ガラスのメンタルにはつらいです。だったらとにかく数を出してみる、ということです。

ちょっと考えてみてください――。

「お金」「時間」「情熱」のリソースは確保した。あとは計画を行動に移すだけ……。

このとき、何を、どれだけやるかということは自分で自由に決めていいこと。だったら思い切り欲張ってもいいでしょう。

宝くじを買ったとしても、当たるか当たらないかはわからない。つまり、成果が得られるかどうかは、自分では決められませんよね？

でも、宝くじを何枚買うか？　は、これはもう自由です。

確率の問題からしても、10枚買うより100枚のほうが、100枚買うより

最速で成長できる
PDCAのコツ
20

１００回ごとに変化を検証し、「成長率」と「成功率」を高める

１０００枚のほうが、成果を得られる確率は高いはずです。

もちろん、仕事と宝くじを一緒にするつもりはありません。

つまり「最初からうまくいこう」と思っていても、それは自分で決められることではない、ということです。

自分で決められることは、でっかく決めていい。それが行動の〝勢い〟にもなって、自分を後押しするものなのです。

小さな行動でいいから、短期間で大量にやりきる。

勢いを利用する。

それが、長く継続できない、ズボラ流のやり方なのです。

21

最初は「成果」ではなく、「やりきること」だけを意識する

計画は長期ではなく、短期で立てる

「毎日コツコツ」は無理。やる気があるうちに「短期間でやりきる」

第2章で「5年先、10年先の計画は立てない」というお話をしました。

一生懸命、計画の細かい部分まで考えても、5年先、10年先がどうなっているかはわからない。今有効だと思っているツールが将来残っているかもわからないし、そもそも取り組んでいることに飽きて、情熱というリソースがなくなっているかもしれない……。

だったら、「計画は1年先まででいいよね」という話です。

そして、DOの段階においては、その計画に対して必ず守るべきことがあります。

それは「やりきる」ということ。

1年間で計画をやりきると決める。

1つひとつの行動は小さくてもいいから、ちょっとずつでもいいから、1年間でやりきることです。

前項でお話ししたように、物事の「成果」は、得られるかどうかは行動する前にはわからない。だからここで成果を気にしていては動けないのです。
「成果は（行動の）後からついてくるもの」……こういった言葉は、正しいものだと思います。

たとえば5年計画、10年計画を立てた場合……ズボラならば最初の1年目はおそらく全力は出さないでしょう（僕にはよくわかります）。
「最初はまあ、こんなもんかな」とか「来年からがんばろう」とか、いろいろな言い訳をつけてしまうのです。

ズボラがやるべきDOは、そんな長距離走ではなく、はじめから全開の短距離走のほうがいい。思えば僕も、ひたすら短距離走しかやっていないですね。

「毎日コツコツやる」ことを美徳とする人もいるでしょうが、毎日コツコツが成就する頃には、状況が変わっている……ということもあるでしょう。
たとえば僕は今これから、ＹｏｕＴｕｂｅでの配信に力を入れていこうと思っていますが、正直、3年先にＹｏｕＴｕｂｅが有効かどうかも、定かではありません。いや、1年先の状況だってわからないのが現実です。

だから、「とにかく1年」という期限を決めて、一気に配信をすることを決めました。その目標本数は……そう、１０００本です。実は、そのための時間確保ももう済んでいます。

超ズボラな人でも、「やりきる」ためのとっておきの秘策

「1年先までの計画を遂行するのも大変」

「1年間は決して短距離じゃない」

……そう考える超ズボラな人もいるでしょう。

そんな人はどうすれば行動できるのか？　どうすれば「やりきる」ことができるのか？

もうおわかりでしょう。さらに短い距離にすればいいのです。

1日のうちにやりきることを決めておく。１週間のうちにやりきることを決めておく。1カ月間のうちにやりきることを決めておく。

そして、やりきる。

こうした「やりきる」の積み重ねで、1年間の「やりきる」が実現するというわけです。

「TO DOリストの作成」だとか「朝起きたらまずTO DOの確認」だとかの回りくどい手法を取り入れなくても、スケジュール帳にやることを書き込んでしまうだけでいいでしょう。

先が見えない行動は疲弊するだけ。
ゴールが見えない行動は不安なだけ。
だったら、「短い期間に一気に行動」することにしませんか？

最速で成長できる
PDCAのコツ
21

やる気がなくなる前に「小さな結果」を出しまくり次なる行動の燃料にしよう

第4章

誰でもできるように、検証して、言語化する

22

誰でもコピー可能な状態まで、「再現性」を高める

人に丸投げできるくらい「言語化」する

「再現性」を高めることで、時間が節約できる

行動を検証し、やらなくていいことをあぶり出し、そして行動を「自分だけではなく、誰でもできる形にする」のが、ＰＤＣＡのＣ（ＣＨＥＣＫ＝検証）のステップです。

このステップでポイントとなるキーワードは、「再現性」です。「再現性」とは、つまり、「誰がやってもできること」という意味です。

たとえば、僕のセミナーに来る人々に僕が伝えること――。

それが僕にしかできないこと、僕だからこそできることであったなら、セミナー参加者は何も得るものがありませんよね。

また、スタッフの誰かに仕事を任せたり、お願いするときに、再現性がなく僕にしかできなければ、僕の仕事は増える一方ですし、スタッフも成長することができません。

だから、自分が行動し成功したことは、その成功の理由をきちんと探り、検証す

る。それが、自らの成功パターン、必勝のやり方となり、また新たな成功が生まれる。
そして、誰かに対して提供できるコンテンツになり、他の人に仕事を任せるときのマニュアルになるのです。

「ガラスのメンタル」だからこそ、徹底的に再現性を高める

この本を読んでくれているあなたはもうおわかりかと思いますが、僕・北原は決して人よりも秀でた能力を持っているわけではありません。「なんとなくやったら、うまくいった」「普通にやっていたら成功した」——そんな天才肌の人間ではありませんからね。

ズボラでガラスのメンタル……。正直、失敗は怖いです。それゆえに、どういうやり方をすればうまくいくのか、繊細に考えているのです。

美容室の経営のみならず、セミナーやコミュニティの主宰を始めたのも、そしてこうして本を出版するのも、「自分のような人間でもうまくいったやり方」を誰かに伝えて、その人にもうまくいってほしいからです。

でも、僕がうまくいったことが、僕だからこそうまくいった、僕じゃないとうまくいかないというものであれば、それを伝えるのは単なる自慢話ですよね。ノウハウや仕組みを伝えることをサービス（商品）とする際に、そこに再現性がなければ、お客様からのクレームを食らうだけです。

それはそうですよね。だって、できもしないことを伝えられたって、なんの意味もないのですから。

ビビリだから、「できない約束」はしない

僕は、商品・サービスの再現性とは、ある種の〝約束〟だと捉えています。「あなたにもできますよ」。これはコンテンツを提供する側が顧客と交わす約束。約束を破ると非難される、簡単な理屈です。

だから、できないことは約束しない。再現性のあることだけで商品・サービスを固めているわけです。

するとどうなるか？

約束を破らないので、期待を裏切らない。クレームがないだけではなく、信用がど

んどんたまっていくのです。

「できないことは約束しない」。

具体的にはどういうことかといえば、たとえば僕がコンサルティングをやる場合は、「あなたをこれだけ稼げるようにします」なんてことは絶対に言いません。そんな不確実な約束はしない、ということです。

そうではなくて、僕は「あなたに○時間お付き合いします」という言い方（約束）をして、できる限りのことをするというパターンです。

正直言って、コンサルタントとしての僕が約束できるのは、ここまで。

売れるか売れないか、稼げるか稼げないかは、相手が行動するかしないかに左右されてしまうので、僕の手の届かない範囲になってしまうわけです。

これは顧客だけでなく、僕の社員、スタッフに対しても同様です。社員が成長することに再現性を持たせることができなかったら、僕は人を雇いません。

「給料が安くて、生活できません」「いや、もうちょっとみんなでがんばれば給料も上げられるから」「もうちょっとって、いつまでなんですか……？」

最速で成長できる
PDCAのコツ
22

ムダな労力と精神力を削られないためにも、行動を「検証」しまくって、再現性を高めておこう

こんなやりとりはしんどいだけでしょう。
行動を検証して、再現性を持たせる。
それを常に意識し、チェックしてみてください。

23

再現性は「言語化」で上がる

天才肌の人にはできない、
凡人ならではの最強スキル

「言葉にできる力」は強力な武器になる

行動を検証して再現性を持たせる——。

では、再現性はどうやって獲得すればいいのでしょう。

このときに必要な作業が、2章でもお話しした、「言語化」です。

言語化とは、文字どおり「具体的な言語として言い表す」ということ。

たとえば前項でお話しした「なんとなくやったら、うまくいった」「普通にやっていたら成功した」という天才肌の人は、自分のスキルを言語化できていないということです。

これでは、他の人に「こうすればうまくいく」ということを、伝えることはできません。

自分自身はうまくいっても、それをマニュアルとしてスタッフに任せたり、コンテンツとして発信し、他人を成功に導くことはできないでしょう。

つまり、「再現性の獲得」と「言語化」は、ほぼイコールのことといえます。

僕が最初に言語化を気にし始めたのは、20代前半の頃。美容室のスタイリストとしてお客様にサービスを提供する際に、シャンプーやトリートメント、ワックスやスプレーといった自分たちが使っている商品の説明をするためでした。

「なぜ私たちはこれを使っているのか？」「この商品の特徴は？」――それらをお客様に伝えるため、全商品を実際に試してみたものです。

そして店長に昇格すると、今度は部下に対しての言語化が必要になります。

「具体的にどんな行動をすれば、売上はアップするのか？」「お客様に対して何をすればいいのか？」などなど、リーダー、マネジャーとして伝えるべきことを伝えたり、部下に再現性を与えるためには、具体的な言葉が必要なわけです。

「（仕事を）見ていればわかる」「自分で考えてみろ」では人は育たない……。

ズボラな僕には、それがよくわかっていました。

お客様に、部下に、具体的な言葉で伝える作業を、徹底して行ないました。

「言語化力」を磨くための簡単なトレーニング

言語化の能力を磨くためには、自分のスキル、考えを文章に落とし込む作業をしてみるといいでしょう。直接の会話ではどうしてもニュアンスや雰囲気になってしまうところが、文章では曖昧な表現は使えない。

ですから、行動の検証には、まずあなた自身が行動したことを緻密に文章化してみることです。そして何が良かったか、何が悪かったかを、これもまた緻密に文章に落とし込む。

たとえばＳＮＳ、ブログなどで自分の行動をレポートしてみるのも、とても有効だと思います。

また、**言語化とはいわゆる「説明」ですから、何かを説明する機会を積極的に持つことも大事です。**

前述のＳＮＳ、ブログなども、テーマを「〇〇を説明する」といったものにして書いてみるのもいいトレーニングになります。

最速で成長できる
PDCAのコツ
23

まわりの人の力を借りるためにも、言語化力を磨こう

僕の場合は、この説明の機会を持つため、セミナーを頻繁に行なうように心がけています。

お金をいただいて行なうセミナーは、まさにその場で〝説明責任〟を果たさなければならない機会です。言語化されず再現性のない話は、集まってくれた人たちを失望させるだけ。ビビリな僕からすると、想像するだけで恐ろしい光景です。だからあえてこうした場を多く設けるのです。

これもまた言語化のトレーニングになっています。

24

言語化であらゆる問題が解決する

「なんとなく」をなくせば、人生はうまくいく

日常の「なんとなく」を減らしていく

「なんとなく」は危険。

計画にしても、行動にしても、そして検証にしても、この「なんとなく」というニュアンスで走り出してしまう人がとても多いように思います。

「なんとなく、こんなことがしたい」

「なんとなく、やってみた」

「なんとなく、こんなもんじゃないかな」

……どれもこれも、まったく言語化できていませんよね。

でも、そもそも人は毎日の生活をほとんど〝なんとなく〟の選択、〝なんとなく〟の決断で送っているものです。

朝起きて、どの服に着替えるか？　朝食は食べるか、食べないか？　昼食はどこで何を食べるか？　仕事は何から手をつけるか？　どこまでやるか？　何時に帰るか？　何時に寝るか……。

要するに、ほとんどのことを「その場そのときの感覚」で決めているわけです。

仕事のことはさておき、僕はこうした生活を送る人を否定するつもりはまったくありません。なんといっても僕自身がかつては「なんとなく1日を終える人」の代表だったわけですから。

でも、**ビジネスとなると〝なんとなく〟は通用しません。**

もちろんなんとなく成功して、なんとなくうまくいき続けて、なんとなく人もついてきて……なんてことであればそれはそれでいいのでしょうが、誰もがそんな幸運に恵まれるはずがありません。

ましてや、人に仕事を任せるリーダーだったり、夢や目標の実現において誰かの協力が必要だったり、人にスキルを伝えることでお金をいただくビジネスをしている人だったら、「いや、なんとなくやればいいんです」では話になりませんからね。

行動の1つひとつに理由をつけてみる

そこで、普段から言語化の習慣をつくっておくことが大事です。

どんな服を、どんな理由で着るのか？　なぜこれを買ったのか？　食事にこれを選んだのはなぜか？

そうして生活のすべてに理由をつける。どのような理由から、どのような行動をしたのかを具体的に表してみる。

「なんとなく」をすべて言語化したものに変えて、すべてをそのとおりにやっていくと、ビジネスでもすべてを言語化するクセがつきます。

今僕たちのコミュニティでは、「セミナーの再現性をつくる」ことがひとつの課題となっています。つまり、毎回一定数の参加者を集める、ということですね。

以前は、東京と大阪だけでしかやっていなかったセミナーでしたが、2、3回ほどＦａｃｅｂｏｏｋで告知すれば、簡単に50～１００人の参加者が集まってくれました。ところが、全国での開催となると、全然人が来てくれない……。

そこで「なぜ東京・大阪では人が来てくれたのか」「なぜ全国では来ないのか」の理由を探りました。セミナーに関する行動――どんな集客を、なぜやったのか、ということを、徹底的に言語化したわけです。

的外れな行動が少なくなる

すると、問題はセミナーの内容や告知の内容ではなく、あるキーマンにセミナーの情報が届いているか否か？　にあるということがわかりました。要は、告知のルートの問題だったわけです。

ならばまずは、セミナーの内容を練ることよりも、ルートをつくることが、やるべきこと。そして、そのルートづくりを実践した結果、事前に「○月○日にセミナーをやろうと思うんですけど、来たい人はいますか？」と問いかけて、何人の賛同があれば成功するか？　ということまでわかるようになりました。

これも徹底した言語化による検証の成果です。

的外れなことはしない。絶対に失敗しない方程式を導き出す――。

これも言語化で可能になるのです。

最速で成長できる
PDCAのコツ

24

言語化して、検証していくことで、行動の精度が上がり、ムダが激減していく

25

言語化力を上げるシンプルな方法

「壁打ち」で、あなたの言語化スキルは飛躍的に高まる

人に話しまくることで、思考の精度が上がる

自分の考えを言葉にする、具体的に説明する。

そういう機会は、案外なかったりするものです。

もしあったとしても、それは自分の大きな計画というレベルではなく、その場その場の説明作業で終わってしまうことが多いことでしょう。

自分がやっていることをきちんと言語化して、人に提供するコンテンツにできるまでにするには、どうすればいいか?

僕がやっているのは、

とにかく人に話す

ということです。

「相談する」といったこととは、ニュアンスが違います。ただただ、相手に話しまく

る、言語化したものをぶつけまくるのが目的です。

この作業を僕は「壁打ち」と呼んでいます。

行動力に弾みをつける効果も

壁打ちには、自分の背中を押す〝マインドセット〟の効果もあります。

2章でもお話ししたように、壁打ち、つまり人に具体的なアイデアや計画、現在の行動を話しまくっているうちに、ワクワクしてくるわけです。

具体的な言葉で言語化していると、自分の計画、行動の悪いところ、いわゆる〝弱点〟や〝粗〟といったものも出てきます（それは壁打ち中に相手に指摘されてわかる、という場合もあります）。

すると、その弱点を早く修正したくなります。いい意味で〝焦って〟しまうんですね。

また、言語化しているうちに「これはリアルに勝てるな」と思えることもあります。そうするともう、いてもたってもいられなくなる。早く修正、実行したくてたまらなくなるわけです。

実は僕が美容室の全国展開を始めた際も、最初にこの壁打ちがありました。相手に説明しまくって、相手の反応からも成功の確信を得ることができた――つまり、ちゃんと自分の思いを言語化できて、それが「勝てるもの」だと認められたわけです。

これはもう、行くしかない！　って感じたことを覚えています。

改善アイデアも磨かれていく

だから、僕の今現在の活動は、決して1人で考え、1人でたどり着いたことではありません。

何人もの人に壁打ちを繰り返し、徹底的に言語化された――つまり隙のない、失敗しないプロジェクトを行なっているわけです。

もうおわかりかと思いますが、壁打ちの最大の目的は「相手からいいアイデアを聞き出す」ことではありません。あくまでも、自分の考えを言語化、整理し、磨いていくことが目的です。

だから、相手に対して「じゃあ、どうすればいいんですか？」と聞いて、その答えを求める必要はありません。

僕も自分のやろうとしていることを話して、相手から「それ、絶対無理だよ」とか、「うーん、どうなんだろうね……」と言われてしまうことも何度もあります。

そんなときはそれを課題として、「じゃあ、どうすればいいか？」は、自分で考える。そしてまた同じ相手に、改善策を壁打ちするのです。

こうした壁打ちの果てに、自分の行動が揺るぎないものになっていきます。

壁打ちすることで、弱点もわかる

一方で、壁打ちが苦手、という人もいるものです。

たとえば僕のコミュニティでも、僕に「壁打ちさせてください！」と言ってくる人がいますが、そんな中でも、壁打ちにならない、という人も……。

要するに、思いやアイデアの良し悪し以前に、自分の考えを説明できない、言語化できていないんですね。

それでこちらから少し突っ込んで「それって、どうやって始めるつもりですか？」と聞いてみると、「いや、なんとなく始めようと思っていて……」。

なんとなく！　この時点でアウトですよね。

自分の計画が言語化できない、再現性がないことが露呈してしまうのです。

世の中にはさまざまな思考術、アイデア発想法がありますが、壁打ちは誰にでも、すぐに簡単にできる方法です。

ぜひおすすめします。

最速で成長できるPDCAのコツ

25

壁打ち、壁打ち、壁打ち。
自分のアイデアを人に話しまくろう

26

「壁打ち」のゴールはロジカル論破

目に見えない情熱よりも、
目に見えるロジカル

「壁打ち」の相手を選ぶときのポイント

「壁打ち」は僕のビジネスにとって非常に大切なスキルなので、ここでもう少し言及したいと思います。

まず、僕が普段どういう人を相手に壁打ちをしているか？

基本的には、どんな人にでも壁打ちの相手になってもらうようにしています。コミュニティのメンバーだったり、ビジネスパートナーだったり、食事会でたまたま知り合った人であったり……。

とはいえ、誰でもいい、というわけではありません。「この人に話を聞いてもらいたいな」と思う人は、いろんな人に話をしているうちに、限られてくるものです。

僕が今、一番壁打ちの相手になってもらっているのは、一緒に活動しているビジネスパートナーです。何か新しいアイデアが生まれたり、新しい取り組みを始めようとするときは、必ず彼に壁打ちをお願いします。

そして彼もまた、僕を壁打ちの相手として、話をぶつけてくるのです。

そうして壁打ちの応酬をしているうちに、言語化がどんどん研ぎ澄まされていくのが実感できます。言語化が研ぎ澄まされれば、アイデアの精度が高まり、隙や粗のない、失敗しない行動ができるようになるわけです。

定期的に行なうと、ＰＤＣＡサイクルが回りやすい

また、定期的に自分のやっていることを報告する先輩――〝メンター〟的な人がいると、さらにいいでしょう。

壁打ちの目的は相手に何かを教えてもらうことではなく、自分の考えを言語化すること、そうお話ししましたが、定期的に報告をするような関係の人は、僕にとってまさにそんな人です。

「ここはこうするべきだよ」「そのやり方じゃなくて、こっちのやり方で」などという、具体的なアドバイスをしてもらうわけではありません。

「こんな失敗をしたんです」と投げかけると、「そうか。でも自分もそんな失敗したけど、大丈夫だったよ」などのような程度の会話です。それによって僕は、自分の失

敗を言語化し、失敗の原因を自らあぶり出しているのですね。

大人数の前で話す機会は、「壁打ち」の絶好のチャンス

また、壁打ちをしているうちに、思わぬ機会が訪れることもあります。たとえば食事会の席で、初対面の人に壁打ちをお願いして（もちろん「壁打ちさせてください！」とは言いませんけど）、懸命に言語化していると、相手から「今度ウチの会社で講師をやってくれないか？」などと頼まれることもあるのです。

ここで、「いやいや僕なんて」などと断るのはもったいないこと。その瞬間、新たな可能性はなくなります。なぜこんな話をするかといえば、それは、壁打ちをしていると、あなたにもそんな機会が訪れるかもしれないからです。

人前で話す講演ほど、壁打ちの絶好の場なのです。

コレを入れるだけで、ロジカルになり「説得力」が高まる

壁打ちで話す内容は、自分の思いの熱さよりも、ロジカルに論破できるような具体性を意識します。

思いの熱さ、情熱などの内面的なものは、目に見えにくいですし、なかなか言語化できるものではありません。もちろん、熱い思いや情熱はすごく大事です。ですが、それだけではまわりは動きませんし、物事も動きません。

ですから、最初のうちは、思いや情熱に注力しすぎるのは、おすすめしません。なるべく、誰にでも伝わるように、ロジカルに具体的に話すことです。

ロジカルに話すコツは、なるべく話に数字を入れること。「売上○○円を目指す」「○カ月を予定している」「○人規模のビジネス」など、数字を入れることで具体性が増します。

出てきたアイデアはメモして自分のものにする

ちなみに、壁打ちの最中に新しいアイデアや改善策を思いついたり、あるいは相手から、なんらかのアドバイスをもらったときには、僕はすぐにスマホのメモ機能を使ってメモをしています。

壁打ちで得たアイデアは、あなたの財産です。その財産をメモにストックしていくことで、あなたが飛躍するときの大きな燃料になることでしょう。

自分の考えが整理できる

壁打ちとは、相手への説明ではあるけれども、要するに自分の考えの整理、「自問自答」なわけです。自問自答の作業を悶々と頭の中でやるのではなく、アウトプットとして誰かに「説明」する……。

この効果はとても大きいものです。

しかも、難しいことは何もなく、お金もかからない。

ぜひ「壁打ち」の相手を探してみてください。

最速で成長できる
PDCAのコツ
26

壁打ちを極めることで、
ロジカルに話す力を高めることもできる

27

「プレゼン力」は、ズボラが身につけたい最強のビジネススキル

面倒くさがりだから、「言葉の力」でまわりを動かす

まわりを動かせなければ、全部自分でやるハメになる

僕が自分で身につけたビジネススキルの中で、最も強力なものといえば、それは「プレゼンテーション力」でしょう。

プレゼンの能力があれば、ビジネスのあらゆる問題が解決できる──僕はそう思っています。

「プレゼンとは、要するに、さっき話していた、『言語化』して、『壁打ち』することだろう」

そう思う人もいるかもしれません。

でも、**プレゼンとは、「壁打ち」の先にあるもの。言語化された「これならうまくいく」という情報が集まったものを提案する段階です。**

どんなに素晴らしい企画を思いついたとしても、それが言語化できていなければ、成功の可能性は行き当たりばったり。だから壁打ちでしっかり言語化する。

そして、どんなに隙がない、まとめあげられた企画であっても、それを受け入れて

くれる側の相手（ビジネスパートナーやお客様）が賛同してくれなければ、企画はスタートしません。

逆にいえば、最強のプレゼン力があれば、どんなことでも受け入れてもらえる、というわけです。

プレゼン力を磨くには、コレをしなさい

言語化の作業と違って、プレゼンの際に必要なのは、「話し方」のスキルです。

とはいえ、もともとガラスのメンタルだった僕です。人を魅了するような、そして説得力のあるような話し方など、できるはずがありませんでした。

そこで、人（僕）を魅了してくれる人の話し方を、徹底的にマネることを試みたのです。

僕がマネをしたのは、前章でもご紹介した事業家・中村文昭さん。そしてアップルの創始者スティーブ・ジョブズです。

スティーブ・ジョブズのプレゼンは、さまざまなメディアでも取り上げられていますから、ご存じの方も多いでしょう。

もちろん彼は英語でのプレゼンでしたから、僕はジョブズの言葉の選び方や堂々とした立ち居振る舞いの部分をマネしました。

中村文昭さんに関しては、僕はもう完全なファンでしたから、そのすべてを吸収しようと試みました。

一時期は音楽すらも聴かず、聴くものといえば中村さんの講演やセミナーの音声のみ。家でも車での移動時間中でもそれらをひたすら流して、勉強していたのです。もちろん著書も読みあさりました。

そうやって没頭しているうちに、やはり、その人の話し方のみならず、考え方まで似てくるものです。そして「壁打ち」によって、実際に人に話して——ということを繰り返して、人を魅了するプレゼン力というものを磨いていったわけです。

プレゼン力を身につけるのであれば、誰か好きな人、こうなりたいと思う憧れの人の話し方を徹底的に吸収してマネしてみること。

そして、前項でもお伝えしましたが、人前で話す機会があったら、とにかく断らない、すべて練習だと思って話してみることです。

最速で成長できる
PDCAのコツ
27

プレゼン力を身につけることで、まわりの人の力を借りることができる

よく「話すのが苦手で……」という人がいます。そんな人が僕に「どうやったら人前でうまく話せるようになりますか」と相談してくることがあるのですが、僕は「人前で話すチャンスがあったら、〝常にここが運命の分かれ道だ〟という気持ちでいてください」と言うようにしています。

話し方がヘタでも、誰かが不幸になるわけではありません。もし恥ずかしい思いをするにしても、それはほんの一瞬のこと。

それよりも、このまま人前で話すことが苦手な人間で終わるのか？　最強のスキルを手にする練習をするのか？　ということを考えてほしいのです。

もう一度いいます。プレゼン力は、最強のビジネススキルです。

28

定期的な「振り返り」で、「成功の精度」「成長の速度」を高める

1日、1週間、1カ月、半年、1年。頻度を決めて、定期的に振り返る

「行動量」に着目する

「これまでの行動を振り返って、検証する」――ＰＤＣＡのＣ（ＣＨＥＣＫ＝検証）の段階では、欠かせないことです。

僕もやはり、この「振り返り」の作業は大切にするようにしています。

ひたすら短距離走を繰り返している僕ですが、より成功の精度を高め、成長のスピードを加速させていくためには、どのような走り方がよかったのか？　常に考え、改善していかなければならないからです。

振り返りの一番のポイントは、行動の「数」です。もちろん成果としての数字を検証するのは当然のことですが、その数字に至るまでに自分がどれだけの行動をしたか、ということを確認すべきでしょう。

たとえば集客の場合、成功した集客はＳＮＳでの情報発信を何回行なったのか？といったことです。

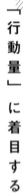

振り返りの頻度は、僕の場合、小さなところでいうと週1回のブログ、長い時間をとってじっくり行なっているのは、半年に1回の合宿です。人によっては、毎日振り返ってもいいでしょう。

僕の場合、半年に1回の振り返りの作業は、「検証」と同時に、次の「計画立案」にもなるので、そうとう気合いを入れます。

半年に1回の振り返り作業は、1〜2泊、1人でホテルにこもって集中して行ないます。それとは別に、6人くらいのビジネス仲間たちとともに、〝棚卸し勉強会〟というもので半年ごとの振り返りをしています。

半年に1回は「合宿形式」で振り返るのもオススメ

ホテルで1人、どのように振り返りをしているかといえば、自分の過去のFacebook投稿をタイムラインで見まくっているんです。

Facebookのタイムラインは、いわば自分のこれまでの行動が時系列で積み重なってきたもの。だから、半年前の自分がどんなことをしていたか、1年前の自分が何を考えていたかが、とてもよくわかるのです。

とくにＦａｃｅｂｏｏｋでよく見えてくるのは、**「その時期、誰と一緒にいたか」**ということです。

ビジネス、プライベートにかかわらず、やはり「人」は非常に大きなファクターです。

「誰と、どんな仕事をしたからうまくいった」というビジネス上の検証もさることながら、「この人と付き合い出してから、よく笑うようになった」とか「この人と一緒にいると怒る時間が多かった」などのメンタル面が、鮮明に思い起こせるのです。

こうして、やってよかったこと、やらなければよかったこと、やるべきこと、やってはいけないこと、そして誰が自分のメンタルを左右するのか？　ということまでもが明確になります。

「振り返り」は最高のルーティン

ＦａｃｅｂｏｏｋなどのＳＮＳは、情報発信のみのツールではありません。こうした振り返りのための記録でもあるのです。だから、ビジュアルも多く投稿すれば、振り返りがよりしやすくなります。

半年前と比べて、1年前と比べて、自分の行動はどう変化しているのか？

自分はちゃんと成長できているのか？

目の前の作業やこれからの予定に気を取られていると、こうしたことはなかなか検証する気にはなれないものです。

ですから、半年ごと、1年ごとの振り返りは、ぜひルーティンとして習慣に入れることをおすすめします。

難しいことではありません。自分のFacebookの投稿を見ればいいだけなのですから。

定期的な振り返りで、PDCAサイクルも回る

もちろん、FacebookなどのSNSにはちょっと抵抗感がある、という人は、普段から日記や手帳を書いていたり、ちょっとした空き時間にスマホのメモに記録を残しておいてもいいのです。

どんな形でもいいので、定期的に自分の行動を振り返ることは、PDCAサイクル

を回し、あなたの成功率と成長率を高める、最高の習慣なのです。

しかも、その単純な作業をやるだけで、自分のビジネスや人生の方向性、メンタルにダメージを受けないためにはどうすればいいかが、よくわかるのです。

やらないという手はありませんよね？

最速で成長できるPDCAのコツ

28

仕事もプライベートも「振り返る力」で好転する

第5章

ラクできるように、改善する

29

ナマケモノは〝1石6鳥〟を心がける

極限までラクできるように、改善を繰り返す

ＰＤＣＡ最後のステップ

ズボラＰＤＣＡの最後のステップ「Ａ」（ＡＣＴＩＯＮ＝改善）は、これまでに検証した行動をあらためるステップです。

つまり、やらなくていいことをやらない、やるべきことをやる、そしてさらなる効率化に加速をつけるのです。

これまでお話ししてきたように、僕は自分の「行動量」を増やすために、さまざまな工夫をしてきました。

ズボラ、ビビリ、ナマケモノは、意思ややる気といった〝精神力関係〟には、頼ることができません。だから、**ちょっとした工夫や行動する仕組みをつくることで、独自にＰＤＣＡを回していくしかない**のです。

力を入れるべきところには力を入れ、ラクできるところはラクをする。改善のステップでは、これを目指しましょう。

ラクできるところは徹底的にラクをする

そこでまず提案したいのが、「1つのアクションでさまざまなリターンを狙う」という仕事術です。

1石2鳥？　それではもったいない。できれば〝1石6鳥〟くらい狙いたいものです。

たとえば前章で紹介した、Ｆａｃｅｂｏｏｋの活用法。Ｆａｃｅｂｏｏｋを単に情報発信のツールとしてだけに使うのではなく、自身の行動、人脈、成長度合いの検証作業にも使う、というのも、その1つの例ですね。

そしてこれは多くの人がやっていると思いますが、Ｆａｃｅｂｏｏｋの投稿をそのままブログの原稿にしてしまう。要は、コンテンツの「使い回し」ということです。だから逆にいえば僕は、ブログを書いていないけれど、ブログを頻繁に更新し機能している、という状態なわけです。

また、イベントやセミナー、コミュニティの立ち上げなどに際しては当然スタッフとの打ち合わせがあるわけですが、この打ち合わせを録音して、告知の際に音声でアップする――ということもやっています。これって、「こんなことをやりますから」という、何よりも説得力のある告知になるんです。

「原液」をつくることに、時間を全投入する

こうした「コンテンツの使い回し」は、世間でも多く行なわれていることです。たとえばビジネス書の世界でも、何かベストセラー書が生まれたら、今度はその本の「マンガ版」や「ムック版」、「図解版」を出したりするでしょう。

巷にあふれる「キャラクターグッズ」や「派生商品」も、いってみれば大元のコンテンツの二次利用、使い回しです。

たとえばあなたが発信したい情報だって、１つのやり方で発信することはありません。

ＳＮＳ、セミナー、ＰＤＦ資料、音声ファイル、動画、電子書籍、そして書籍出版の企画として――。これらは実際に僕がコンテンツの使い回しをしていることの一部の例です。

第2章で、お客様の存在を最初につくっておくという「オーディエンスファースト」の概念についてお話ししましたが、お客様の中には「文章で読みたい」という人もいれば「動画のほうがいい」という人もいる。あるいは「車の中で聴くから音声で」という人もいる。

これだけさまざまなメディアがあるのですから、お客様のニーズもさまざまなのです。

だから、コンテンツの使い回しは「お客様のため」でもあるわけです。

いわば「原液」をつくり、それをさまざまな用途に活用するというイメージです。

だから「原液づくり」に集中する。

「文章も書かなきゃ」「動画も撮らなきゃ」「資料もつくらなきゃ」……。ナマケモノには多くのことはできません。

だから「1石6鳥」を心がける。

あなたのコンテンツを、いろんな場面で利用しましょう。

最速で成長できる
PDCAのコツ
29

「ガラスのメンタル」にマルチタスクは危険。なるべく「センターピン」１本だけに絞る

30

ナマケモノは徹底した「自動化」を目指す

苦手なこと、イヤなことは、人に任せるに限る

「〝自分でやらなくていい〟仕組み」をつくる

「1石6鳥」と同様に、僕がとても心がけているのが、さまざまな業務を「自動化」するということです。

自動化といっても、便利な機械やアプリ、ソフトを導入するといったことには限りません。

あえていえば、自動化とは——。

「お金をかけてできることはお金を払えばいい」
「人に任せられることは自分でやる必要はない」

ということ。それがズボラ流です。

そして「その分で空いた時間に、新しいことを始めるほうがいい」ということですね。

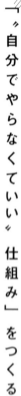

たとえば前項でお話しした「コンテンツの使い回し」も、もちろん仕組みをつくって自動化しています。

担当者が僕のツイッターやFacebookの文言をそのままコピペして、編集して他のメディアにアップする。編集にしても「こう編集する」というルールを言語化していますから、別に難しいことは何もありません。

僕は単に「素材」になりきって、後は他の人が自動的に加工して配信すればいいだけです。

もちろんセミナーやイベントの決済も、決済リンクを参加者1人ひとりに送ることで自動化しています。

これって、かつては僕がすべて受付となっていたのですが、それはとても手間がかかることでした（ガラスのメンタルとしては、ここで何かクレームでもあればもう大変ですよね）。

苦手なことに使う時間は、もったいない

正直な話、僕は細かい計算だとか実務作業は、あまり好きでも得意でもありません。いや、嫌いだし苦手！　と言い切ってもいいでしょう。

だから、そういった作業を自分でやろうとすると、とても時間を取られてしまうわけです。

「時間」というリソースの確保の大切さについては、この本でも何度かお話ししていますよね。

時間を空けるためであれば、ある程度の投資はしてもいいし、人の手はどんどん借りるべきでしょう。

もちろん、自動化や、時間を空けることばかりに気が行ってしまって利益がゼロになっちゃった！　なんてことはマズいですが……それでも利益が半分くらいになるならば、僕は時間の確保を優先するでしょう。

そして、空いた時間で新たな仕事をしたほうが、ずっと効率的だと思うのです。

自動化すれば、「新しいこと」にチャレンジできる

僕にとって何が一番楽しいことか？　何に時間を使いたいかといえば、それは「新しいことを始める準備」です。誤解を恐れずにいえば、お金を稼ぐことは二の次。新しい事業を立ち上げたいからお金を稼ぐ、という感じです。

だから、これもヒドい話かもしれませんが、事業を立ち上げて、その事業に再現性があることを確認してしまうと、もうその瞬間につまらなくなるんですね。「別に自

分がやらなくてもいいことじゃん」となると、途端に。

もちろん、プロジェクトが成功した際はすごく嬉しいですよ。仲間と一緒に喜び合うのは、最高の気分です。

でも、それで終わりではなく、〝次〟に行きたいんです。また仲間とともにワクワク、ドキドキしたいし、「やっぱり（成果を）立証できた！」と、自分たちの成功に満足したいわけです。

自動化するから、他のことにチャレンジできる、だからどんどんパイを拡げていけるんですよね。

一時的に利益を下げてでも、それだけで人生終わらない。

〝次〟のことを考えていたいんです。

最速で成長できる
PDCAのコツ
30

貴重なリソースである時間を確保するために、タスクはどんどん自動化すること

31

ガッカリされるのはイヤだから、期待を裏切らない

意識的に「期待値」をコントロールする

「期待値のズレ」を起こさない

前章で「再現性」を語った際に、〝できない約束はしない〟という表現をしました。A（ACTION＝改善）の段階で、このことをさらに具体的に見ていきましょう。

着目するのは、相手の「期待値」です。

ここでいう期待値とは、お客様の場合もあるし、あるいは自分が抱えているスタッフの場合もあります。

「相手の期待を裏切りたくない」……だから、こちらと相手の「期待値のズレ」には、すごく気をつけるようにしています。

「期待値のズレ」――文字どおり、相手が期待していることと自分が相手に与えられることが合っていない、ということですね。

たとえばあなたも、「期待値のズレ」を経験したことがあるでしょう。

『全米ナンバーワン　感動の嵐』なんていう宣伝コピーがついた映画を観に行ったら、全然面白くなかったとか……。

『豪華料理付き温泉旅館』にワクワクして泊まったら、大したこともない料理が出てきたとか……。

こんなときって、「金返せ！」と言いたい気分ですよね。

僕はその「金返せ！」を絶対に言われたくないわけです。そんなクレームが続出したら、メンタルはとても耐えられたモノではありませんから。

だから、期待値の調整にはとても気を遣うようにしています。

「期待値」をコントロールする方法

「石橋を叩いて渡る」タイプ、失敗しないようにとの計画を心がけている僕ですが、正直にいいますと、過去に自身で主宰したオンラインサロンを2回ほど潰しているんですね。

これも「期待値のズレ」が原因でした。

会員の方が期待するような情報を提供できない、自信がなくなったということです。

まあ、実はそれって、僕が「会員の方からお金をもらってコンテンツ投稿をするのがものすごいプレッシャーだったから」というのが具体的な休止の理由なんですが、そのくらい期待値に関しては気にかかってしまう、ということです。

「そんなガラスのメンタルで、よくまたオンラインサロンで人を集めようと思ったねぇ」

なんてことを言われたりもします。

そう、だから「無料」でやってるわけです。

これが「期待値のズレ」の調整ということです。

会員の方は、お金を払ってまで情報が欲しいのだから、それ相応の期待はされているわけです。その期待が裏切られたとき、つまり、そこで得られる情報が、払っているお金に値しなかったときに、クレームが発生する。

でも無料なのだから、そこまで期待はされていない、ということです。仮にここで僕に対するクレームが出てきても、「お金を払っているのに」という前提がない分だけ、僕としては気持ちがラクなんです。

そして、そこに集まってくれた方々に対して、本当に期待に応えられるコンテンツをじっくりつくり、今度は有料で提供させてもらう、ということです。

無理して「期待値」を上げない

最速で成長できる
PDCAのコツ
31

期待値コントロールが、メンタルも信用も長持ちする秘訣

これは美容室経営でも同様。こちらからは無理強いしてお金を取ろうとしない。つまり、次回予約を入れてくれたお客様だけで経営を回せるようにしたのです。美容室のスタッフに対しても、「1年後の給料はこのくらいで、それ以上は出せない。それでもいいなら来てくれ」「ウチでは独立のノウハウは学べないよ」と明言しています。

コミュニティを主宰したり、幅広く事業を展開している人が皆大胆な人なわけではありません。「ガラスのメンタル」の人は、常に他人の「期待値」を意識しながら、ビジネスを回しているのです。

32

「センターピン」を見極める

劇的に「改善」効果が高くなる、とっておきのポイント

コレがズレると、無駄が多くなる

「あれこれ考えて動くんだけど、何をやっても結果が出ない」

「どうすればうまくいくのか？」

「うまくいくためには、何をやればいい？」

……コミュニティの仲間から、そんな相談を受けることがあります。

彼ら彼女らは、自分のビジネスをうまく回していくための「センターピン」を見つけていないことが多いものです。


「センターピン」――ボウリングで「これを狙えばすべてのピンが倒れる」というピン、つまり「結果が出るツボ」「ここを意識する、という1点」というものですね。

たとえば僕のいる美容業界でいえば、「美容室の売上が上がらない、お客様が来ない」という問題に対して、「カットの練習量を増やして技術を向上させる」という行動は、センターピンを見誤った行動です。

お客様が来てくれる、売上が上がるセンターピンは、「カットの技術」ではなかった、ということですね。

このときのセンターピンは、実は「スタッフの教育」。お店のホームページ上で、お店の売りとして、「どこよりも知識豊富で丁寧な対応」と打ち出していたにもかかわらず、「カットはうまいけれど、お客様を雑に扱う店」などという〝ズレ〟のある美容室では、お客様が来なくて当たり前です。

また、かつて、セミナーの集客にあたって、ツイッター、Facebookなどの SNSでの配信をすごくがんばったのですが、なかなか参加者が集まらない……ということがありました。

このときのセンターピンは、第2章の「オーディエンスファースト」の項でもお話ししたように、まず参加者をつくっておく、すなわち「コミュニティの構築」でした。要は、オープンなセミナーにするか？　それとも仲間意識のある中での開催にするか？　という問題だったわけです。

センターピンを見誤ると、「告知のコピーがいけないんだろう。修正しよう」だとか「違う媒体で告知しよう」などと、無駄な、的外れの改善に走ってしまうことになります。

センターピンを見つける最短の方法

もちろん、ビジネスごとに、業種業態ごとに、時代によって、センターピンが何かは変わります。

それは、「値決め」であったり、「告知方法」であったり、「サービス内容」であったりするかもしれない。すべてのビジネスに当てはまる「ここにさえ着目すればうまくいく」というセンターピンはないでしょう。

ただ、「お客様が自分（あるいは自分たちの会社）に対して何を求めているか？」の答えがセンターピンであることは間違いありません。それは「売り」という言葉や「ＵＳＰ」という言葉に近いかもしれませんが、僕はセンターピンという捉え方が一番しっくりきます。

「売り」や「ＵＳＰ」は、こちら側で勝手に決めてしまっている場合、つまり勘違いしている場合もあるものです。

では、どうすればセンターピンを見つけられるかといえば……身もフタもない言い方かもしれませんが、「経験」を積むに越したことはありません。

数々の経験から数々の失敗・成功を積み重ね、最もお客様から反応のいい「最大公約数」を導き出すのが一番です。

たとえば1000本のブログの中から、反応のいいものをピックアップする。それらに共通するものはタイトルなのか？　テーマなのか？　文字量なのか？――それを見極めるわけです。このときの母数は、多ければ多いほどいいのは当然ですよね。

あなたのビジネスにも、狙うべきセンターピンが必ずあります。

あれこれ考えてもどうすればうまくいくかわからない……だったら、とにかく行動して、最大公約数を導き出しましょう。

オセロの端っこを押さえるかのように、なるべく「効果の高いツボ」を見つけよう

33

失敗したら凹むから、「撤退ライン」を決めておく

すぐ逃げられるように、やめる基準を持つ

惰性で行動しない

「経験を積み重ね、最大公約数を導き出し、センターピンを見極める」

……でも、いったいどれだけ経験を積めばいいのか？

たとえばブログを1000本書いても、何が最大公約数になるのかさっぱり見えてこない。

僕の感覚でいえば、そんな人はさらにまた1000本のブログを書いても、同じことになるでしょう。

イヤな言い方をすれば、それは「センスがない」「ブログ（をビジネスに活用すること）は向いていない」ということです。

僕の元にも、「ホームページを3年間更新し続けているんだけど、いっこうにビジネスの成果が出ないんです」と相談に来る方がいました。「これ、いつやめたらいいんでしょうね」と。

「いつやめる？　今でしょ！」って話です。

３年間同じことをやって売れない原因がわからないなら、やめて他のことをやったほうがいい、もしくは、他の得意な人の力を借りたほうがいい、ということです。

手段と目的を入れ違えて、惰性で行動し続けている人がいます。

ズボラとしては、さっさと結果に結びつくことをやらなければいけないのに、続けること、やめないことに意義があると思ってしまうわけです。

行動にしても事業にしても、「やってダメならあきらめる」＝撤退するということも必要です。だって、時間には限りがあるわけですから……。

撤退ラインはこうやって決める

では、撤退ラインはどこを意識すればいいのか？

それは「やりきったとき」。

1年、3年——1000回——自分で「ここまでやりきろう」というゴールを設定しておいて、そこに達したときに何も結果が得られなかったら、他のやり方を探すべきでしょう。

スタートを先延ばししない

撤退とは、「あきらめる」ということだけではなく、「現状から撤退して勝負する」という意味もあります。

美容師の世界では、「自分のお店を出す」という目標を持つ人がけっこう多いものです。しかし、いつまでたっても独立に踏み出せない人もいます。

毎日ヘアカットの練習に明け暮れているうちに、どんどん次なるスタートを先延ばししてしまう……。勝負する＝バッターボックスに立たずに、いつまでも素振りを繰り返しているようなものでしょう。

その「素振りをしている」という状態が幸せならば、それはそれでいいかもしれません。

ブログを何年も書き続けることが生きがいならば、そのままでいいかもしれません。でも、はっきりした目標があり、そこに到達したいという思いがあるならば、勝負どき、すなわち現状から撤退する時期を決めておくべきでしょう。

一流は撤退ラインの見極めがうまい

僕が出会った一流の経営者は、皆この「撤退どき」をわかっている人ばかりです。

たとえば車に乗って、適切なスピードを出せると同時に、適切なブレーキも踏む。

さらには「もうこの車ではダメだ」と、適切なタイミングで車を乗り換えられるというようなことです。

ダメな経営者は、アクセルを踏みっぱなし。「俺がアクセル踏むから、おまえらついてこい」と車を走らせる。「いつ止まるんですか?」というと、「事故ったら止まるだろ」と……。

適切なブレーキ、適切な「乗り換え」――撤退ラインはビジネスにおいて非常に大切なファクターです。

最速で成長できる
PDCAのコツ

33

時間を浪費したり、致命傷を負わないためにも、撤退ラインは厳守！

34

心が折れないように、「異常値」を持った人からエネルギーを分けてもらう

ポジティブなパワーをチャージする方法

ネガティブな人には近づかない

ここまでさまざまな取り組みをお話ししてきた僕ですが、実は僕は、放っておくとどんどん気持ちがネガティブになるようなタイプの人間です(もうおわかりですかね？)。だからこそ、ネガティブな思考の人には、なるべく近づかないようにしています。

あなたのまわりにもいませんか？「この人と話しているとどんどんネガティブになっていく、生気が吸われていく」という人……。

自分が揺るぎないポジティブさを持っているのならば、相手のネガティブさを弾き飛ばせるのでしょうが、そうでなければ悪い影響を受けるだけです。

僕には「金曜日は居酒屋に行ってはいけない」というルールがあります。とくにビジネス街、繁華街の居酒屋には、仕事の愚痴、会社への愚痴といったネガティブな言葉が店中にあふれています。そんな場所に足を踏み入れたら、たまったもんじゃありません……。

コレで、「ポジティブエネルギー」が充電できる

では逆に、どうすればポジティブなエネルギーをチャージできるか？

それは僕の場合、「異常値」を持つ人と会うことです。

「異常値」を持つ人――行動の量が異常、経験の積み重ねが異常、業績が異常、知識量が異常――そんな、ポジティブさの量が異常な人のことです。

異常値を持つ人の話を聞く、話を聞いてもらう、一緒にビジネスをする――そうすることで、相手のエネルギーをいただくことができるんです。

そして、自分の基準値がまだまだ、ということに気づかされます。このときは自信を喪失するのではなく、逆に勇気を与えられる気持ちです。

なぜならば、異常値を持つ人も、最初から異常値を持つ人でなかったから。行動量が異常な人も、最初はゼロからのスタートだからです。だから自分も、もっと異常値を持てるんだと知るのです。

ズボラでもできる、最速で成長する方法

また、異常値を持つ人ほどの実績はマネできなくても、行動はマネすることができます。ここで「自分が何をすればいいのか」「どうすれば異常値を持つ人になれるの

か」も見えてくるわけです。

僕がはじめて「この人、すごいな！」と思った人――はじめて出会った異常値を持った人がいました。彼はブロガーで、実績もブログの投稿量も半端ない異常値なんですね。

ここで彼の現在の実績や現在やっていることにフォーカスするのではなく、僕が興味を持ったのは、彼が1本目のブログで何を書いていたか？　ということでした。最初はどうだったか？　そこからアーカイブをたどって、投稿頻度やテーマ、投稿の熱量などを参考にしたものです。

このように、異常値を持つ人の「過去」はマネできるし、「判断基準」もマネできるでしょう。

「まずはスゴい人のマネから始めろ」とは、多くの自己啓発書でいわれていることですが、僕はその人の「今」をマネるよりも、「過去」をマネるほうがずっと有益だと思っています。

それがズボラにもできる行動ですからね。

「異・業・種・交流会」より、「異・常・値・交流会」

人脈を広げるために異業種交流会に行くという人は多いと思いますが、僕がコミュニティの仲間によく言っているのは、「異業種交流会ではなく、異常値交流会をやろう！」ということです。

めちゃめちゃやっている人と出会って、ポジティブエネルギーをもらう。自分の行動の物差しがはち切れるような話を聞く。

そうすることで、また新しい計画を思いつくかもしれない……そして新たな行動が始まる。次のＰＤＣＡが動き出すのです。

最速で成長できる
ＰＤＣＡのコツ
34

人は環境に影響される生き物。
好きな人、ポジティブな人と一緒にいよう

第6章

PDCAで、仕事も人間関係も人生も変わる

35

ズボラPDCAで今を楽しみきる

どんなスキルよりも強力なスキル

壁にぶつかったときに問いたい「究極の質問」

ここまでお読みいただいたあなたは、この本が巷にある「ＰＤＣＡ本」とはずいぶん違う、ということを実感されたかと思います。

そして、「このやり方を試してみよう」と思ったでしょうか。

もし、この本のようなやり方でビジネスを進めてみて、これで正しいのかな？　とふと思ってしまうことがあったら、自分自身にこう問いかけてみてください。

「今、楽しいの？」

第１章でもお話ししましたが、僕はビジネスをすること、ズボラＰＤＣＡを回すことを「モノづくり」のように捉えています。

そして、モノが出来上がっていく過程を僕はとても楽しんでいます。

それはプラモデルをつくるようなものです。素晴らしい仕上がりを目指してプラモデルをつくっているのが楽しいのか？　それとも出来上がったものに価値を見いだして、それらをコレクションして飾っておくのが楽しいのか？　僕の場合、完全に前者なのです。

じゃあ最短を目指さず、ゆっくりゆっくりと楽しめばいいかって？

いやいや、僕は早く「次のプラモデルがつくりたい！」というわけです。

モノづくりが完成に向けて順調に進んでいるときは楽しいもの。だから、今が楽しければ、それは正解だということです。


僕のクライアントやコミュニティの仲間にも、自分のやっていることが正解なのか、間違ったことをしているのかをすぐに僕に確認してくる人がいます。「正解かどうかわからないんです。迷っているんです」と。

そこで僕は、今が楽しいのかどうかを尋ねるのです。

今、しんどいの？　それとも楽しいの？　幸せを感じるの？

「なんだか疲れちゃうんですよね」

「こんなふうにできたら幸せだ、っていうのはあるんですけどね……」

だとしたら、今のその人がやっていることは「正解ではない」ということです。

1年前の自分と比べて、成長できているか

世の中にはさまざまな優れたビジネススキル、ビジネスモデルがあり、優れたビジネスパーソンも大勢います。

でも、どんなに優れたビジネススキルを実践してみても、自分がしんどかったり、あるいは相手にするお客様が喜んでいないのであれば、それは不正解。別の手段を取ったほうがいい。

それが僕の考え方です。

自分にとって、どんな姿が幸せを感じている姿なのか？

それがはっきりしない人もいるでしょう。

「もっと成長したい」と思っていても、今の自分がこれまでと比べて成長できているのかわからない。それが感じられないから楽しくない……という人もいるかもしれま

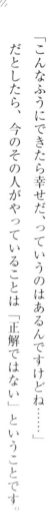

せん。
そんな人は、1年前、半年前の自分のFacebookを見てみるといいでしょう。
そのときの自分は何を感じ、もっとどうしたいと思っていたか？
今の自分はそのときの自分と比べて、成長できているのか？　幸せなのか？
やっていることが正解かどうかは、人の判断ではなく、自分で決めればいいことです。
楽しくないなら、幸せでないなら。別のやり方を計画して実行すればいい。
選択肢は、ひとつではないのですから。

最速で成長できる
PDCAのコツ
35

正解は他人ではなく、自分で決める。
そのときに「ズボラPDCA」が役立つ

36

勉強ができない落ちこぼれの僕でも変われた

初任給8万円、ひきこもりだった。だけど、仕事も仲間も増えた

偏差値、人見知り、ネクラ……全部関係ない

コミュニティの仲間に、コンサルティングのクライアントに、セミナー、講演で、ブログやＹｏｕＴｕｂｅで、そしてこうして本を書いて、成功や成長に関する話をしている僕ですが、かつては単なる落ちこぼれでした。

小学生の頃は両親の仕事の都合で引っ越しが多く、学校ではいつも「他所から来たやつ」の扱い。それに親に振り回されているという思いからいつもムスっとしている子どもでクラスでもたいてい浮いた存在でした。

１人でいることに慣れて、１人で過ごしているほうが心地よくて、中学からは家でゲームをしていることにドップリとハマってしまいました。

最初にハマったゲームは、スーパーファミコンのマリオカート。もうそれこそ１日中やっていました。外にもあまり出ず、ゲームをしながらお菓子を食べて……それはもう太りましたね。

高校生になると、今度はインターネットです。

ファイナルファンタジーⅪ、リネージュ、ファンタシースターオンライン、ヘイロー、鉄騎大戦……オンラインゲームに夢中になって、インターネット上のコミュニティが僕の居場所でした。

もちろん学校での成績は最悪です。勉強なんてしている時間があったら、ゲームができるんですから。

美容師の道に進んだのも、実はゲームがきっかけです。

僕は当時、ゲームソフトを買うためにアルバイトをしていたのですが、自分の散髪代すらもったいない、と思っていました。「髪は自分で切れば、その分お金が浮いて新しいソフトが買えるじゃん」……そう思って、親が僕が子どもの頃の僕の髪を切ってくれていたはさみを引っ張り出し、自分で切るようになったんです。

高校を出て何をするか……。

大学に行くほど勉強はできないし、かといってこのまま就職して毎日働くのも面倒くさい。

じゃあ、髪を切ることはできるから、もう少しこれをちゃんと学んでみようかな、と。そんな思いで理美容専門学校に入ったわけです。

なんだかとても情けない話ですが、これが今の僕のスタートでした。

ズボラな性格のままでも目標達成はできる

ただ、専門学校に入ってからの僕は、なんとなく立てた「1日も休まず学校へ行こう」という目標を達成します。

そして就職先では「とにかく最短期間でスタイリストになる」という目標を、これもまた達成します（正確には一緒に猛練習をしていた1人の先輩にはかないませんでしたが）。

そうやって、目標達成することの楽しさを覚えていき、今に至るわけです。

しかし考えてみれば、目標達成の楽しさを教えてくれたのは、やはりゲームですね。最短でクリアして、次のゲームに取りかかる……まさに今とやっていることは変わらないわけですから。その一連の活動には、無意識ながらも「ズボラＰＤＣＡ」が作用していたのです。

最速で成長できる
PDCAのコツ
36

性格やメンタルを変えるのは難しい。
でも、目標達成は仕組みで解決できる

人の性格や精神面は、そんなに簡単に変わるものではない……。この本の中でも何度かお話ししましたね。

もしあなたが今の自分を情けなく感じていたとしても、だからといってその性格を変えようと悩む必要はありません。

ズボラはズボラの性格のままで、ガラスのメンタルはガラスのメンタルのままで、目標達成することはできるんです。

自分の弱さに熟知して、そのための戦い方である、「ズボラＰＤＣＡ」を回していけば、性格に左右されず、仕事や仲間は増えていくのです。

37

PDCAを回して、成長し続けよう

ズボラにとって、「設計＝仕組み」は神

弱くても成長し続ける仕組みを

ここで誤解してほしくないのは、僕は決して「ラクして稼ぐ」ことを目的にはしていない、ということです。

手を抜くこと、なるべくがんばらないで済むこと……そんなことを目指すのは、あまりにもつまらないですよね。

目標を最短で達成することと、ラクして稼ぐことの違いは、あなたもおわかりのはずです。

「ズボラPDCA」で目標達成を考えた際に、鬼のような行動量が必要であれば、それはこなすべきですし、目標を達成することにワクワクできるのなら、その行動も楽しめるはずでしょう。

それに、ズボラのDで自分を行動するように促せば、大量に行動することは、いってみれば誰にでもできること。スキルもない、お金もない、人脈もない……そんな状態であっても、行動することはできるわけです。それが目標達成に必要ならば、やらない手はないでしょう。

ただし、これも誤解してほしくないのですが、行動そのものに意味があるというわけではありません。

あくまでも**仕組み（設計）。仕組みが神、なのです。**

美容師時代の僕は、とても尊敬できる社長の下で働いていました。

何も持っていない者が行動量によって何かを得ようとする姿勢を認めてくれる人で、僕は美容の仕事の魅力というより、その人の魅力によって仕事をしていたようなものでした。

だから当時の僕の目標は「この人（社長）を業界のトップクラスに持っていく」ことだったといえるでしょう。そのために店長としてマネジメントにも力を入れ、またさまざまなマーケティング戦略も立案、実践し、結果を出していきました。

しかし、転機が訪れます。

当時、美容院から辞めていく人が多くなり、これまでの非効率、低単価が問題となったときに、僕はその改善策を社長に提案します。無駄なことはやらず、最短で売上をアップさせる計画で、マニュアル化まで進めていました。

ところが社長との間に齟齬《そご》が生まれます。社長は「それは無理だろう」と。

その言葉は、僕にとってショックでした。今になって振り返れば、社長には社長の考えがあり、経営者としての判断の1つとしてわかるのですが、当時の僕には、理解できませんでした。

今でも社長のことは尊敬していますし、とても感謝していますが、そのときの僕は、「僕の目標がなくなってしまった」、そう思ってしまい、離職を決意したのです。

グータラな人は、仕組みで自分を動かす

実はこの後しばらくの期間、僕は喪失感のようなものから、自宅でズボラ生活を送ることになります。

起きる時間、寝る時間も日々まちまち。人との接触も極端に減って、空いた時間はゲームか漫画というどうしようもないグータラさです。

人には自由になっていいタイプとそうでないタイプがあるのだと思います。自由になっても自分をちゃんとコントロール、管理できる人はそれでいいでしょうが、そうでない人、ズボラな人は、仕組みで自分を動かさなければならない。

だから僕は「自分のヘアサロンを経営する」ということを決め、ある意味お客様やスタッフに自分を動かす原動力になってもらおうと考えたのです。

でも、ただサロンの経営をしているだけでは、これまでの人生と同じでつまらない。

そこで「全国展開」という目標を掲げたのです。

そして、意思にもメンタルにも左右されない、自分の歩みが止まらない仕組み（設計）を、ズボラPDCAメソッドでつくりあげてきたのです。

自分の歩みを止めるのも、新たに歩き出すのも、すべては仕組み（設計）ありきです。

弱くても成長できる。

弱くても結果が出せる。

そのためのコツを、この本で少しはご紹介できたかなと思っています。
ぜひ、皆さんも今日から始めてみてください。

最速で成長できる
ＰＤＣＡのコツ

37

すべてを決めるのは仕組み（設計）。
弱くても成長できるように練り込もう

【おわりに】PDCAサイクルで、自分の人生もうまく回り出す

ここまでお付き合いいただき、ありがとうございました。

「ズボラPDCA」というコンセプトは、今回、僕のこれまでの活動を本にする、という話が進み、関係者との打ち合わせを重ねる中で生まれた言葉です。

「僕の持っているもので、読者の皆さんに一番役に立つもの、響くものを本にします。それを教えてください」

自分の言いたいこと、書きたいことよりも、お客様（ここでの場合、読者である皆様）が求めていることにお応えしたい……まさに本書の中でお伝えした「勝てること」を意識したのです。

当たり前のことかもしれませんが、僕よりも優れた事業家は山のように存在するでしょう。

でも、僕には僕にしか伝えられないこと、僕にしかできないことがあるはずです。

「弱い人間でも成功できる、成長できるということ。それを北原さんに伝えてほしい。そのやり方を教えてほしい」

そうして出来上がったのが、この本です。

振り返ってみると、僕のこれまでの戦い方、結果の出し方のすべてのベースにあるのが、本書の「ズボラPDCA」にあることに気づきました。

僕と同じような、ズボラ、ガラスのメンタル、面倒くさがり、3日坊主……そんな弱い人たちに届き、お役に立てるととても嬉しいです。

今回、僕にとって初めての出版でした。

その出版をサポートしてくださった皆さんにお礼を言わせてください。

長倉顕太さん。中西謡さん。すばる舎の上江洲安成さん。皆さんのおかげで、初めての本を形にすることができました。ありがとうございます。

また、日頃から美容室事業を通して、僕の活動を全面的にサポートしてくれている、浅井慎一郎さん。猪熊政人さん。

発信のサポートをしてくれている、古瀬ハナさん。井藤宏香さん。

運営メンバーの山本智大さん。関直也さん。高山辰也さん。

いつも本当にありがとうございます。

皆さんのおかげで、ズボラでガラスのメンタルの僕でも安心して、全力で活動できています。これからも、どうぞよろしくお願いいたします。

そして、常に僕の可能性を信じてくれていた両親にも、心からお礼を述べたいです。これまでありがとうございます。これからもよろしくお願いします。

そしてそして、本書を最後まで読んでくださったあなたにも、心より感謝の気持ちをお伝えしたいです。本当にありがとうございました。


今の僕が、一番幸せだと思えるのは、まわりに僕を必要としてくれる「人」が大勢いる、ということです。

僕と一緒に計画を立て、実行し、検証し、改善していく仲間がいる。

僕の知識や経験を役立ててくれる人がいる。
僕に素晴らしい叡智とエネルギーを与えてくれる人がいる。
僕の何が世の中の役に立つかを教えてくれる人がいる。
僕のまわりに集まってくれる人がいる。
そして、この本を読んでくれる人がいる……。

こんなに嬉しいことはありません。

自分には、誰かの役に立てることが必ずある。
たとえズボラでも、ガラスのメンタルでも……。

あなたにも必ずあります。
ぜひ、それを見つけるために、本書の「ズボラＰＤＣＡ」を活用してください。
最初は面倒くさいかもしれませんし、怖いかもしれません。
でも、大きなことをしようと思わなくてもいいのです。

ビビりながら、イヤだなーと思いながらでもいいので、少しずつ少しずつ、小さな一歩を積み重ねてください。その小さな一歩が大きな結果につながるよう、本書でお伝えした仕組みを構築していきましょう。

心が折れそうなときもあると思います。

そんなときは、ぜひツイッターやFacebook、インスタグラムなどのSNSで、「#ズボラPDCA」とハッシュタグをつけて、メンションを飛ばしてください。すべてにお答えするのは難しいですが、可能な範囲で目を通させていただきます。

お互いガンガンがんばりましょう。

どこかでお会いできる日を楽しみにしております。

北原孝彦

SNSに感想投稿で「スペシャル特典」をプレゼント！

本書の感想をSNSに
投稿いただいた方全員に、
『ズボラPDCA』をフル活用するための
スペシャル特典を差し上げます！

プレゼント内容

あなたの未来を劇的に変える
魔法の8ステップ
「ズボラPDCA」
実践ワークシート
（北原による**解説動画付き**）

詳細は下記よりアクセスください。→

https://kitaharatakahiko.jp/pdcatokuten

※特典の配布は予告なく終了することがございます。予めご了承ください。
※動画、PDFはインターネット上のみでの配信になります。予めご了承ください。
※このプレゼント企画は、北原孝彦が実施するものです。プレゼント企画に関するお問い合わせは「https://kitaharatakahiko.jp/」までお願いいたします。

[著者紹介]
北原 孝彦（きたはら・たかひこ）

Dears（ディアーズ）グループ代表。

「Dears」を地元長野にて2015年に開業、翌年には2店舗目を展開。立ち上げる美容室は「店長をつくらない」「フレックス制」「仕事が終わったスタッフから帰宅」「週休3日制」など独自の考えを元にリピート率90％以上、低離職率、入社希望のスタッフが順番待ちになる状態をつくる。ゼロから4年で美容室を100店舗展開してきた。

本書の【ズボラPDCA】のメソッドを使い、美容室以外にも、オンラインサロンを5カ月で3000人超にするなど、事業やコミュニティを爆速成長させてきた。SNSをはじめ、さまざまな場所で、多くの起業家に支持されている。

弱くても最速で成長できる
ズボラPDCA

2020年 3 月 22 日　第1刷発行
2021年 9 月 28 日　第2刷発行

著　者　　北原孝彦
発行者　　徳留慶太郎
発行所　　株式会社すばる舎
〒170-0013
東京都豊島区東池袋3-9-7 東池袋織本ビル
TEL 03-3981-8651（代表）
03-3981-0767（営業部）
振替 00140-7-116563
http://www.subarusya.jp/
印刷所　　株式会社光邦

落丁・乱丁本はお取り替えいたします

ISBN978-4-7991-0888-8